公务通用能力系列读本

沟通协调

梁玉萍　丰存斌　刘军仪　编著

中国人事出版社

图书在版编目（CIP）数据

沟通协调/中国人事科学研究院组织编写；梁玉萍，丰存斌，刘军仪编著． -- 北京：中国人事出版社，2020

（公务通用能力系列读本）

ISBN 978-7-5129-1459-9

Ⅰ．①沟… Ⅱ．①中…②梁…③丰…④刘… Ⅲ．①人际关系学 Ⅳ．①C912.11

中国版本图书馆 CIP 数据核字（2019）第 284154 号

中国人事出版社出版发行

（北京市惠新东街 1 号　邮政编码：100029）

*

保定市中画美凯印刷有限公司印刷装订　　新华书店经销

880 毫米×1230 毫米　32 开本　4.25 印张　82 千字

2020 年 8 月第 1 版　　2025 年 1 月第 6 次印刷

定价：20.00 元

营销中心电话：400-606-6496

出版社网址：http://www.class.com.cn

版权专有　　侵权必究

如有印装差错，请与本社联系调换：（010）81211666

我社将与版权执法机关配合，大力打击盗印、销售和使用盗版图书活动，敬请广大读者协助举报，经查实将给予举报者奖励。

举报电话：（010）64954652

前　言

公务即公共事务，是以公共力量推动社会良序发展、维护社会稳定、满足社会成员共同需求的一系列社会活动，具有明显的社会性、公共性、共享性和非营利性。首先，公共事务是在社会成员之间的交往和联系中产生的，随着社会的发展，其内涵和外延得以不断拓展。其次，公共事务涉及公共资源的运用与公共权力的运行，关涉到社会全体成员的共同利益和整体生活质量，是以实现公共利益为目的的。再次，公共事务为社会成员提供公共产品和公共服务，不具有排他性。最后，公共事务不以营利为目的，其宗旨是为社会成员谋福利。因而，对于具体从事公共事务管理工作的人员的素质和能力也有其特定的要求。

党的十九届四中全会提出，要坚持和完善中国特色社会主义制度，推进国家治理体系和治理能力现代化，这对公共事务管理提出了新的要求。公共事务管理水平的高低直接反映了政府的执政能力，体现了社会进步的程度以及人民的获得感、幸福感和满足感。公职人员是从事公共事务管理、提供公共服务的主体。公职人员的素质和能力与政府执政能力、社会管理与

沟通协调

公共服务水平紧密相关。党的十九大报告指出："人民美好生活需要日益广泛，不仅对物质文化生活提出了更高要求，而且在民主、法治、公平、正义、安全、环境等方面的要求日益增长。"这为公职人员队伍能力建设指明了方向。因此，加强公职人员能力建设，培养和提升职业素养、专业能力和服务水平，对提升社会公共事业服务水平、推动经济发展和社会全面进步具有重要的现实意义。

公共事务管理涉及公共资源的合理配置、公共项目的实施和社会问题的解决等诸多方面，不仅需要公职人员掌握公共管理的理论知识、法律规章，而且要具备从事其管理工作所需的工作能力。这种能力当然包括在公共事务中不同领域开展工作的专业能力，而通用能力，即无论从事何种工作都要具备的能力，则更具有基础意义。

公务通用能力是公职人员应具备的基本素质和职业技能，是将观念、知识、技能整合性地运用到具体工作情景中，解决各类问题所需要具备的能力。具体来看，公务通用能力主要包含政治鉴别能力、组织协调能力、沟通交流能力、调查研究能力、公文写作能力、危机应对能力等。因此，公务通用能力的提升对从事公共事务管理工作的公职人员来说，具有极其重要的意义。

培养造就一支高素质、专业化的公职人员队伍并不断提高其素质、能力和水平，是全面建成小康社会、全面建设社会主义现代化强国、完善和发展中国特色社会主义进而实现中华民族伟大复兴中国梦的重要举措，而公职人员公务通用能力的培养是提升队伍素质和能力的重要途径。公务通用能力的培养不是一朝一夕的事情，是与公职人员终身学习紧密联系的，需要根据社会经济发展的需求和工作岗位职责的要求不断提升。同时，公务通用能力的提升既强调对基本能力的培养和提升，又强调对个体发展的培养与促进；既强调在工作场所中对公职人员进行培养和指导，又重视引导个体的自主性学习，是一项系统工程。

基于此，本套丛书以公职人员队伍建设的基本精神为依据，以公共管理与相关学科的基本理论为支撑，以公职人员为对象，以提高公职人员通用能力为宗旨，从公文写作、文档处理、调查研究、言语表达、沟通协调、会务组织、安全保密七个方面对公职人员应具备的通用素质和能力进行了阐述，介绍了公职人员需要了解的一些业务常识和工作实务知识及其相应的能力要求，并根据不同职级公职人员的特点进行了进一步细化分析，着力为公职人员素质和能力的提升与工作实务的开展提供有参考价值的读本。

本套丛书由中国人事科学研究院组织编写、余兴安院长担任主编。丛书共分为七个专题：第一专题《公文写作》由侯波、闫建华和常智慧编著；第二专题《文档处理》由夏宏图编著；第三专题《调查研究》由郑佳节编著；第四专题《言语表达》由孟庆伟编著；第五专题《沟通协调》由梁玉萍、丰存斌和刘军仪编著；第六专题《会务组织》由杨桐、赵玲玲和张文杰编著；第七专题《安全保密》由郭联发、廖金萍主编。丛书兼顾了系统性、理论性、知识性、可读性与实用性。一方面，通过

沟通协调

复原工作场景,分析工作事项,明确解决问题的关键点,归纳工作方法和技巧,并梳理常见错误用以警醒,利于公职人员尽快掌握岗位基本要求,是一套紧密贴合公务工作要求的实用手册,可作为公职人员能力建设指导用书。另一方面,七个专题坚持以实用性为导向,通过大量事例帮助公职人员解决"做什么、怎么做、做错了怎么办"等问题,可以作为党政机关、人民团体、事业单位及国有企业工作人员的培训教材或学习用书。

目 录

第一章　沟通协调是公职人员的必备能力 …………… 1
　　第一节　沟通协调是形成组织合力的基础 ……………… 1
　　第二节　沟通协调是营造组织环境的重要途径 ………… 18
　　第三节　公职人员提高沟通协调能力的重要性 ………… 26

第二章　组织内部的沟通协调 ……………………………… 35
　　第一节　与上级的沟通协调 ……………………………… 35
　　第二节　与同级的沟通协调 ……………………………… 49
　　第三节　与下级的沟通协调 ……………………………… 57

第三章　组织外部的沟通协调 ……………………………… 61
　　第一节　与社会公众的沟通协调 ………………………… 61
　　第二节　与行政相对人的沟通协调 ……………………… 78
　　第三节　突发性公共事件中的沟通协调 ………………… 84

第四章　沟通协调的主要方式 ……………………………… 91
　　第一节　敏锐把握并及时反馈信息 ……………………… 91
　　第二节　构建良好人际关系 ……………………………… 102
　　第三节　综合运用目标沟通协调和会议沟通协调 …… 106

第五章　沟通协调的技巧与艺术 …………… 116
　　第一节　沟通协调技巧与艺术的特征 …………… 116
　　第二节　沟通协调技巧与艺术的应用 …………… 120
后记 ………………………………………………… 127

第一章
沟通协调是公职人员的必备能力

在现代组织发展中,任何组织都不可能脱离一定的社会环境,组织发展目标的实现离不开从社会环境中获得的有效资源。组织与社会环境互动的好坏,成为组织生命力强弱的决定性因素。对于政府组织而言,与社会形成良性关系,具有更为突出的重要意义。

第一节 沟通协调是形成组织合力的基础

从组织内部来看,沟通协调对于提升组织整合能力、保证组织合力,起着基础性的作用。在组织结构构建中,层级化和部门化是组织分化的重要表现,在此结构体系上配置合理的权责体系,是现代社会组织运作的基础。伴随着组织的分化,会相应地出现整合的需要。所谓整合,就是将组织中各个人、各个部门的活动综合并协调一致的过程。在组织管理中,组织的

沟通协调

分化与整合是必须有效处理的矛盾，因为组织内部分化的程度会使整合与协调的需要和难度加大。组织的分化主要表现在如下三个方面：（1）纵向上的分化，这是指组织划分为不同等级层次的情况，组织层次越多，说明组织纵向分化程度越高，结构复杂程度越大；（2）横向上的分化，这可以从工作专业化分工的程度和职能部门的数目上反映出来；（3）空间上的分化，指组织单位在地理区域上的分布范围。

组织的分化是组织形成合理权力配置体系和职能配置体系的重要方式，同时，组织整体合力又是任何社会组织的必然效能追求。组织分化是手段，形成组织合力则是目的。形成组织合力的目的是要实现整体大于局部之和。实现日益分化的组织的有效黏合，形成整体合力，是现代组织结构必须积极应对的重要问题。这个问题解决得好坏，直接关系到组织能否在日益复杂的情况下实现整体目标。

"三个和尚吃水"的寓言故事既通俗又深刻地说明了这个问题。寺庙里有一个和尚，自己挑水吃；又来了一个和尚，经过商量，两人抬水吃；第三个和尚也来了，三个和尚都等着别人去挑水，最后谁也没吃到水。一天，寺庙着大火，三个和尚一起到山下取水回来灭火，经过一番努力，大火终于被扑灭了。从那以后，三个和尚都勤快起来，轮流去挑水，日子过得很不错。

从上述寓言中我们清楚地看到，随着人数的增加，组织的潜在资源大大增加，但是整体效能却出现了严重下降，最终彻底消失。在突如其来的危机面前，求生的欲望使三人实现了交流沟通，并在救火的分工合作中通过沟通协调发挥了整体合力。然而，组织整体合力的发挥，不能够仅仅在面对重大危机时，而是应该将其作为组织的基本目标。这就需要把在危机中才进行的沟通协调转化为日常的经常性行为，通过沟通协调实现组织各层级、各部门的有效黏合，提升组织的整体合力。

一、组织冲突

要形成组织整体合力，必须解决组织结构中可能形成的各种组织冲突，尤其是消极意义上的组织冲突，也就是那些对组织发展具有破坏性的冲突，如由于信息不畅引起的组织成员间的相互猜疑，分配中由于缺乏比较客观的评价方法而造成的相互攻击和不满，由于认知和价值观的不同造成工作中的相互指责和矛盾等。这些不仅影响冲突双方的工作情绪，还会对工作效率和效果产生不良影响。

（一）组织冲突的表现形式

现代组织学认为，冲突是指组织成员之间、成员个人与组织之间、组织中不同团体之间，由于利益上的矛盾或认识上的不一致而造成的彼此抵触、争执或攻击的组织行为。组织冲突的产生受到以下三个方面因素的影响：

一是个体的差异。组织成员的个体差异导致组织需要在一个多样化的人际系统中运作，多样性的需求本身就会形成潜在的冲突源，在得不到有效协调的时候，可能会激化。

二是专业分工的影响。组织的专业分工导致各部门站在各自利益的角度考虑问题，是组织冲突的主要形式。

三是非正式组织的影响。组织成员因个人兴趣爱好相近而形成的组织中的非正式组织之间的冲突，在组织管理中也有越来越多的表现。

组织成员的多样化，特别是组织的层级化和部门化，使各层级、各部门形成仅从自身角度考虑问题的倾向。这种倾向一旦转化为现实，直接后果就是组织内部冲突不断，组织功能在内耗中逐渐低下或丧失。组织中经常出现仅从个人利益、部门利益出发而置整体利益于不顾的情况，其后果非常严重。

这种情况的出现意味着组织内部存在严重冲突，组织效能严重丧失。避免和解决组织中的冲突，前提条件就是组织各成员必须具备沟通协调的意识，并通过制度化和经常化的沟通协调解决冲突。

组织是一个复杂的系统，因此，组织内的冲突也会表现出不同层次、不同类型。

第一种是组织成员个体之间的冲突。组织成员个体之间的冲突一般涉及两个或者更多的人，而不是一个人。

第二种是群体内部的冲突。群体内部冲突不仅仅包含个体自身冲突和个体之间冲突的简单总和，群体内部冲突强调整个群体，也强调各个成员。因此，群体内部冲突经常影响群体的过程和成果。此外，群体内部的工作和社交过程影响群体内部冲突的起因和解决。

第三种是群体之间的冲突。群体之间冲突有利有弊。一方面，群体之间冲突的存在给组织带来消极的影响；另一方面，群体之间的竞争往往能刺激群体更好地工作。比如，与其他群体的冲突会使本群体内变得更团结，产生一种忠于群体的意识，从而压制个体之间的冲突。每个团体主要关心任务目标，成员们更愿意服从管理者的指挥。负面影响就是群体之间会产生敌对情绪，将其他群体看作"敌人"，对其他群体的看法产生扭曲，导致成见。随着群体间相互交往和沟通的减少，这种扭曲和成见则被固定下来。这种敌对、误解日益严重，冲突的紧张程度逐步升级。

第四种是组织层次的冲突。组织层次的冲突一般有：

第一，纵向冲突。纵向冲突指的是组织内部各等级之间的任何冲突，上下级之间的冲突就是一个例子。纵向冲突通常因为上级试图控制下级和下级抵制而产生。下级抵制是因为他们感到这种控制会限制个人自由。纵向冲突也可能由沟通不足、利益冲突（目标性冲突）、对信息和价值缺乏一致的观点（认知性冲突）而引起。

第二，横向冲突。横向冲突指的是在一个组织内同一层次的职员部门之间的冲突。横向冲突的基本起因是大多数组织中存在追求局部优势的压力。每个部门可能通过追求部门目标来实现最优化，而这些目标可能在部门之间不相容，导致目标性冲突；部门之间职员的看法不同也可能导致冲突。横向冲突发生的可能性随着下列情况增大：(1) 各部门职能的相互依赖增大；(2) 部门之间的缓冲减少；(3) 部门之间对共同资源的依赖增大。

（二）组织冲突产生的原因

组织冲突会对组织产生较多负面和消极影响。克服组织冲突，需要对组织冲突的原因进行分析。

首先，人类活动的相互依赖性是冲突产生的根本性原因。所谓相互依赖性，指的是两个主体之间的相互作用，其中一方任务的完成依赖于另一方任务的成功实现。它也反映了在任务完成过程中，某人依赖于他人或受他人支持的程度。相互依赖性是人类活动的艰巨性以及专业化、社会分工的结果。人类活动的艰巨性和越来越复杂的社会环境、高精技术要求，使得人们几乎不可能独立完成组织目标，为了实现目标，大家彼此之间必须相互依赖，于是组织目标的实现，乃至本职工作的完成都是大家相互合作、协调行动的结果。当任务间的相互依赖加强时，必然会相应地增加相互间的协作、信息沟通和保证行动的相互调整，而这些又会导致大量的不确定因素。正是这种相互依赖性使冲突的发生成为可能。

其次，冲突产生的直接原因可以归为彼此之间的差异性。具有一定的相互依赖关系的双方，差异性越大（彼此之间对于要做什么、由谁来做和怎么做等问题意见存在差异），就越难达成一致协议。但是由于相互依赖关系的存在，一起工作的人们又不能置彼此之间的差异性于不顾，因此彼此间一定存在意见分歧，这最终必然导致冲突的发生。组织中的差异性是多种多样的，最主要的有获得的信息、了解的事实上的差异，双方价值观、认知上的差异，各自目标的差异，充当不同角色和不同角色之间要求的差异，以及个人文化与组织文化之间的差异。

最后，冲突产生的具体原因：

第一，资源的稀缺性。资源总是有限的，任何组织在资源的分配上，几乎都不可能做到"有求必应"。当两个或两个以上的主体同时依赖于组织的稀缺资源时，双方之间极有可能因为如何分配资源而发生冲突。

第二，信息沟通上的障碍。信息沟通贯穿于组织活动的全过程。彼此之间存在差异而又相互依赖的主体之间，如果能够顺利地进行信息交流、相互理解，那么产生冲突的机会就会少得多。但是由于听、说技艺欠佳，或控制和使用信息不当等，沟通出现障碍，产生了很多的误解，无形之中增加了冲突产生的可能性。

第三，任务的不确定性。组织中各部门活动范围或权限有时会模糊不清，各部门及相关人员彼此之间往往会因任务由谁负责、责任由谁承担而发生"扯皮"，或是争着插手。任务的不确定性是组织内部冲突产生的原因之一。

第四，特定的事件。冲突的产生往往与特定的事件有关，这一特定的事件通常被称为"导火线"。

从组织冲突生成的原因可以看到，组织冲突是组织运作过程中不可避免的现象，因此，关键在于采取措施，降低组织冲突的烈度。就具体和直接原因来说，组织冲突产生的原因有两个：一是利益的纠葛；二是信息的不畅。现代组织管理共赢观念的出现，使得利益的纠葛和冲突不会绝对地以"零和博弈"的形态出现，而共赢和"非零和博弈"局面的关键又在于对信息资源的充分了解。因此，一旦信息资源渠道发生阻滞，冲突就会严重激化。

组织的跨地区、跨国界行为，组织结构与成员的更为复杂化的构成，使价值利益、文化习俗的冲突更为明显。解决这种复杂化冲突成功的案例说明，在解决组织冲突时，应避免陷入僵局，不能够采取对峙、逃避、顺应等方式，如果割裂地看待自己与他人，或者漠视对方，难免使冲突的解决陷入困境，甚至还会导致冲突升级，使组织在这种严重的内耗中丧失活力。可见，注重沟通与协调，形成完备的信息资源共享，并在此基础上，通过协调形成合力，是组织克服冲突、避免组织内耗的基本途径。

二、有效沟通，实现信息共享

现代组织的运作，离不开充分的信息资源的占有。有组织管理专家表示，正如石油是现代工业的血液一样，信息是现代组织的血液。也许随着技术革命的发展，石油等能源在工业中的命脉地位会发生变化，但是信息在组织中的重要性却越来越凸显。在组织结构中，由于横向、纵向结构体系的形成，以及按照权责体系配备组织成员，因此就会出现组织信息的分解。但是，组织的整体性特征要求这些被分解了的信息必须在各部门中流动起来，形成动态的信息流，只有这样，才会形成整合性组织。因此，实现信息的共享，对于组织的各组成部分意义重大，而且更直接关系到组织整体的功能。正如血液流动维系有机体的生命，信息流动也维系着组织的生命。保证沟通渠道畅通对于组织的意义，像保持血管畅通对于生命的意义一样重要。沟通是人与人之间的思想和信息的交换，是将信息由一个人传达给另一个人并逐渐广泛传播的过程。著名组织管理学家巴纳德认为，"沟通是把一个组织中的成员联系在一起，以实现共同目标的手段"。可以说，没有沟通，就没有管理。

（一）有效沟通的要素

一般而言，一个完整的组织沟通应该包括六大要素：一是信息的发送者，二是信息的内容，三是信息内容的形式，四是信息的传递载体，五是信息的接受者，六是信息所产生的效果。

组织沟通的渠道主要有两大类：正式沟通渠道和非正式沟通渠道。正式沟通渠道是指根据组织结构和程序建立的沟通渠道，根据信息的流向，正式沟通渠道可以分为下行沟通渠道、上行沟通渠道、平行沟通渠道和斜行沟通渠道。非正式沟通渠道是组织成员之间自然、自发形成的信息交流途径。

成功的组织对于改进沟通渠道有着异乎寻常的关切，总能在细微处进行不断创新。研究发现，各个部门的人员如果缺乏对其他部门信息的了解，就容易导致部门之间的隔阂，组织整体信息被人为分化。为了增进各部门人员之间的交流，建立日常交流沟通机制，通过日常的例会、研讨空间、咖啡休闲间、就餐区域等创造组织非正式沟通渠道，为大家提供坐在一起闲谈的机会。大家在相互接触中，可以互相交换意见，获取各自所需的信息，而且可以互相启发，碰撞出"思想的火花"，更重要的是，能够了解其他部门的相关信息，从而做到换位思考，避免不必要的冲突。

（二）有效沟通的积极作用

用现代组织管理的理论分析，注重沟通、实现信息共享，对于组织及其成员而言，可以起到以下几方面的积极作用：

第一，通过沟通，获取信息资源，有助于个人以及群体做

沟通协调

出正确决策。任何决策都会涉及干什么、怎么干、何时干等问题。每当遇到这些急需解决的问题,管理者就需要从组织内部的沟通中获取大量的信息情报,然后进行决策,或建议有关人员做出决策,以迅速解决问题。下属也可以主动与上级沟通,提出自己的建议,供上级决策时参考,或经过沟通,取得上级领导的认可,自行决策。组织内部的沟通为各个部门和人员的决策提供了信息,提高了他们的判断能力。

第二,通过沟通,了解相关信息,可以促使组织员工协调有效地工作。组织中各个部门和各个职务是相互依存的,依存性越大,对协调的需求则越高,而协调只有通过沟通才能实现。没有适当的沟通,管理者对下属也不会充分了解,下属就可能对分配给他们的任务和要求有错误的理解,使工作任务不能正确地完成,导致组织在效益方面的损失。

第三,通过沟通,充分掌握信息资源,有利于领导者激励下属,建立良好的人际关系和组织氛围,提高员工的士气。除了技术性和协调性的信息外,组织员工还需要鼓励性的信息。它可以使领导者了解员工的需要,关心员工的疾苦,在决策中考虑员工的需求,以提高他们的工作热情。人一般都会要求对自己的工作能力有一个恰当的评价。如果领导的表扬、认可能够通过各种渠道及时传递给员工,就会形成某种工作激励。同时,组织内部良好的人际关系更离不开沟通。思想上和感情上的沟通可以增进彼此的了解,消除误解、隔阂和猜忌,即使不能达到完全理解,至少也可取得谅解,使组织保持和谐的氛围,所谓"大家心往一处想,劲往一处使"就是有效沟通的结果。

可见，在现代组织中，人与人之间、部门与部门之间、组织上下级之间以及其他各个方面之间，都离不开彼此沟通、互相理解、互通信息。然而，在现实生活中，人与人之间却常常横隔着一道道无形的"墙"，妨碍彼此的沟通。尽管现代化的通信设备非常神奇，但却无法穿透这种看不见的"墙"。如果沟通的渠道长期堵塞，信息不交流、感情不融洽、关系不协调，就会影响工作，甚至使组织每况愈下。仔细分析起来，我们会随时看到这种"墙"的存在。比如，在组织的生产活动中，有的业务部门不明确自己的生产活动应当与整个组织的生产计划协调一致，有的甚至不择手段地去追求本单位的私利，不考虑其他业务部门的利益，更不愿意与其他部门进行合作。他们没有想到这样做会给整个组织的生产活动带来不良后果。又如，有的管理人员主观武断，一个人说了算，听不得下级的意见，更听不得对自己的批评，他们不懂得上下级之间要经常进行沟通，不懂得如果下级的意见和建议受到忽视，就会挫伤他们的积极性和对组织的责任感，下级的情绪就会消极、沉闷。这样的话，一旦组织发生紧急情况，需要全体员工出主意、想办法、共度难关时，员工就可能会无动于衷，缺乏热情和积极性。所以，要管理好现代组织，就要不断加强组织内部的信息互通、资料传递、感情交流，员工清楚地知道组织的方针、政策和所处的形势，并且逐步建立起一套成熟完善的沟通系统。

在管理中，合理的组织机构有利于信息沟通。但是，如果组织机构过于庞大、中间层次太多，那么，信息从最高决策层传递到下属单位不仅容易影响信息的准确性，还会浪费大量时间，影响信息的及时性。同时，自上而下的信息沟通，如果中间层次过多，同样也浪费时间、影响效率。有学者统计，如果一个信息在高层管理者那里的正确性是100%，到了信息的接收者那里可能只剩下20%。这是因为在进行这种信息沟通时，各级主管部门都会花时间把接收到的信息进行甄别，一层一层地过滤，然后有可能将断章取义的信息上报。此外，在甄选过程中，还掺杂了大量的主观因素，尤其是当发送的信息涉及传递者本身时，往往会由于心理方面的原因，造成信息失真。这种情况也会使信息的提供者望而却步，不愿提供关键的信息。因此，如果组织机构"臃肿"，机构设置不合理，各部门之间职责不清、分工不明、形成多头领导，或因人设事、人浮于事，就会给沟通双方造成一定的心理压力，影响沟通的进行。

三、加强协调，注入运行润滑剂

协调有利于正确处理组织内外的各种关系，为组织正常运转创造良好的条件和环境，促进组织目标的实现。协调对于组织成员而言具有重要意义。组织中的各个机构及成员，由于所处的层次不同、权责关系不同，在行驶功能的过程中会表现出一定的差异性。但是，有的差异性实际上是一种组织内部的摩擦，会降低组织的整体效能。所以，协调就是明确组织整体目标的要求，理顺各个组成部分的关系，实现组织内部的和谐。协调不同于行政指挥。行政指挥是职权的表现形式，意味着服从和强制力；协调则是职权的部分形式，作为一种组织行为，它包含着讨论、协商、切磋和调整等意思。协调不同于控制。控制是针对行政活动中计划的实施与计划的标准之间的差距而采取的纠正或克服的行为；协调则是强调在各个行政组织或部门之间、人员之间的和谐化、合理化和同步化，其目的是实现整体平衡，保证决策目标的实现。协调功能的发挥是形成组织和谐氛围的关键，对于创造组织成员的良好人际关系起着至关重要的作用。协调成功的出发点，就在于立足组织效能，从他人的角度思考问题。

就本质而言，组织协调是指从决策形成到决策目标实现为止的整个组织活动中一项最经常的活动。为决策目标的实现，各级组织机构依据职责和权限，对相关部门、单位、人员和活动之间的关系进行调整，使其最大限度地保持协调一致，互相密切配合，形成一个和谐的整体，且能动地及时解决矛盾和问题。因此，协调工作具有目的性、综合性、能动性和时效性，更具有柔韧性和指令性。

在各级行政机关的施政过程中，也包括在各项工作的执行过程中，往往会不断遇到各种各样的新情况、新问题、新矛盾，而且有些还呈现出错综复杂的局面；在日常行政运行和各项管理工作中，也经常会出现利益方面的矛盾、权责方面的矛盾以及部门之间、地区之间、上下级之间的矛盾；而在行政执行过程中，由于相关方面的职责不同，理解问题和处理问题的层次和角度不同，又往往会存在着局部利益和整体利益的矛盾，不同局部利益之间的各种矛盾和分歧，时常造成工作上的推诿、扯皮，直接影响到行政工作的效率和工作能否顺利进行。因此，协调工作在整个行政活动中是至关重要且不可替代的。

（一）协调的类型

在行政活动中，协调一般包括以下几个方面：

第一，对事的协调与对人的协调。对事的协调要求公职人员能够正确协调好诸如中心工作与非中心工作、日常规范性的工作与临时突击性的工作、上级布置的工作与本级计划的工作、相邻单位的工作与本单位的工作等关系，进而保证行政事务有条不紊、和谐不悖地进行。对人的协调体现在行政活动中的方方面面，主要涉及组织与组织、个人与组织之间的关系，都需要通过人际间的沟通加以理顺。其中，领导班子中的人际协调是极为重要的，要正确处理好主要领导者与一般领导者的关系、领导与被领导之间的关系。

第二，认识性协调与利益性协调。在行政执行过程中，各个具体的执行主体，由于各自的知识水平、能力结构、心理素质、主观观念等的不同，对于同样一个行政目标，可能产生不同角度、不同程度的理解，并通过一定的态度、情绪、作用反映出来，需要进行认识性协调，以此来促使持有不同观念、具备不同个性、掌握不同知识的个体能够达成一定的共识，进而推动工作的持续开展。利益性协调涉及如何调和不同利益相关者的利益需求。在行政活动中，行政行为总会以直接或间接的关系涉及执行主体的物质利益需求，不同的利益需求之间会存在冲突和矛盾，需要通过协调来达成一个大家都能接受和满意的结果，避免矛盾的激化。

第三，促进式协调与纠偏式协调。当我们在工作中需要树立典型、支持先进和鼓励后进迎头追赶时，可以采取促进式协调的方式。这种协调主要是通过积极采取各种方式、各种手段来实现鞭策后进，使其奋勇直追的目的。在这个过程中，协调的主要目的是通过积极的促进来达到新的平衡，而不是一味强调平衡而因循守旧。与此相反，当发现某些部门或个人违反行政规范，出现破坏整体利益，给全局工作造成损失的行为时，领导者需要使用纠偏式协调方式，通过严肃的纠偏来维护正常的秩序，及时消除负面影响，绝不能无原则地调和矛盾，姑息迁就。

第四，合作式协调与应变式协调。当一项工作需要多个部门的齐抓共管和共同合作时，必须有机地进行合作式协调。合作式协调方式的关键是能在成员间建立共同的愿景，在组织内部形成统一的信仰、加强组织凝聚力，促使个体发挥自身的能动性和积极性，为组织目标的完成做出应有的贡献。应变式协调是指在决策过程中不可避免会存在某些决策先天不足，但在决策范围内又无法验证自身缺陷，一旦付诸实施，就显现出不合理；也有一些决策原本是科学合理的，但在社会实践中诸要素发生了变化，导致出现一些始料未及的问题，这都必须及时进行应变性协调来解决可能存在的矛盾和冲突。

第五，会议协调与非会议协调。会议协调可以通过座谈会、讨论会、汇报会等形式进行面对面的深入沟通。在沟通之前要提前准备好有关会议资料、讨论的计划要点、提出问题的内容方式、讨论的程序范围等资料。非会议性的协调既可以是正式的，也可以是非正式的。非会议协调可以通过人员的个别交谈、广播电视等新闻媒介进行，也可以通过由有关人员在签呈文件上共同签字以达成一致性协议的方式进行。

（二）协调的原则

为了提高行政活动中协调的效能，应遵循一些基本的原则，这也是对各级行政机关及其领导者协调行为的本质要求，是协调的准绳和尺度。

第一，调查研究、实事求是的原则。对所协调的问题进行充分的调查研究，是做好行政协调工作的首要环节。无论协调解决什么样的矛盾和问题，都要从调查研究入手，深入实际，多方面了解情况，掌握事物全貌，只有对事物有透彻的了解，才能客观地得出正确的结论。如果对事物不做全面深入的调查研究，不采取实事求是的态度，就很难认清问题的"症结"，难以找到解决矛盾的"钥匙"，甚至在协调中会误入主观主义的歧途，不但无助于问题的解决，反而会使矛盾更加复杂化，增加解决矛盾的难度。

第二，客观公允、秉公协调的原则。所谓客观公允，就是全面听取和反映被协调对象的意见和要求，做到"兼听则明"，防止"偏听则暗"；所谓秉公协调，就是要出于公心，在协调中对人对事"一碗水端平"，不偏不倚。在协调中，要以维护国家利益、公共利益和人民群众的根本利益为出发点，来调整和平衡各个方面的关系，解决存在的矛盾和问题。协调切忌偏听偏信、主观臆断、从印象和个人好恶出发，更不能感情用事，甚至出自私情，在协调中偏袒或倾向哪一方。

对协调中未采纳其意见的一方,更要耐心讲明道理,使之心服口服。

第三,坚持原则性和灵活性相结合的原则。任何行政活动中涉及的协调工作,都要有政策和法律的依据,都要控制在一定的限度内。尤其是权力协调、职责协调、利益协调、战略协调和计划协调等方面,坚持原则性十分重要。离开了党和国家的方针、政策和法律、法规,协调工作就失去了一定的尺度,处理问题就容易出现偏差。同时可在依据政策和法律的前提下,做到具体问题具体分析,区别不同情况,"一把钥匙开一把锁",防止"一刀切"。实际上,协调工作也是不可能生搬硬套、千篇一律的。

第四,立足全局、服从总体目标的原则。实际工作中需要协调的问题都要坚持从党和人民的整体利益出发,这是协调工作的根本出发点。对协调工作的最基本要求,就是要化解矛盾、解决矛盾、理顺关系,推动工作的顺利开展,实现党和人民的最高利益,实现行政活动的具体目标。往往有许多事情从局部目标或部门利益看是适宜的,合情合理的,但从总体目标和整体利益考虑,却需做出妥协和让步,甚至牺牲一定的局部利益。这样,协调者的大量工作应该是不断帮助和启发被协调者讲党性、顾大局,从党和人民的整体利益出发,自觉做到局部利益服从全局利益,各自目标服从总体目标,积极配合,使问题得到妥善解决。

第五,统一领导、统筹兼顾的原则。协调的本意就是为了统一思想,统一步调,协调的结果不能"走样",绝不允许与领导的意图相违背。在统一领导的前提下，还要在协调中注重统筹兼顾，对被协调对象的诸方，统筹考虑他们的意见及利益，掌握好采纳和取舍的程度，在落实工作目标的基础上，尽可能将矛盾双方的意见拉近，使协调的结果大家基本能够接受。可以说，统筹兼顾也是使协调意见能够顺利执行的重要条件之一。

第二节　沟通协调是营造组织环境的重要途径

　　社会环境与组织的关系是否和谐，决定了一个组织能否顺利实现其发展目标。因此，现代社会组织都高度关注组织自身与社会外界的关系。所谓组织环境，是指所有直接、间接或潜在地影响组织表现的力量。管理人员之所以关注环境，是因为环境的不确定性。这些不确定性增加了管理人员规划或决策的难度，影响管理政策的表现。管理人员应充分了解组织环境对组织决策和运作的影响，这样才能掌握机会、计划将来，以期达到组织的目标。

　　高效的沟通协调为组织营造一个良好的社会环境发挥着至关重要的作用。由于组织对社会环境的高度依赖，组织必须积极主动地与社会沟通协调，顺应社会对于组织的要求，塑造组织的良好社会形象，从而获得社会公众的理解、支持，为组织自身发展赢得更多的社会资源。

一、组织环境至关重要

组织环境是指所有潜在影响组织运行和组织绩效的因素或力量。组织环境对组织的生存和发展起着决定性作用。科学划分组织环境的类型，有利于更清楚地认识环境、把握环境。一般来讲，以组织界线（系统边界）来划分，环境可分为内部环境和外部环境，或称为工作（具体）环境和社会（一般）环境；以环境系统的特性来划分，环境可分为简单—静态环境、复杂—静态环境、简单—动态环境和复杂—动态环境四种类型，组织应该调整战略以适应环境，究竟如何调整应视环境的不利程度而定。总之，组织环境调节着组织结构设计与组织绩效的关系，影响组织的有效性。组织环境对组织的生存和发展起着决定性的作用，是组织管理活动的内在与外在的客观条件。

（一）组织内部环境

组织内部环境是指管理的具体工作环境。影响管理活动的组织内部环境包括物理环境、心理环境、文化环境等。

物理环境包括工作地点的空气、光线和照明、声音（噪声和杂音）、色彩等，它对员工的工作安全、工作心理和行为、工作效率都有极大的影响。物理环境因素对组织设计提出了人本化的要求，防止物理环境中的消极性和破坏性因素，营造一种适应员工生理和心理要求的工作环境，这是实施有序而高效管理的基本保证。

心理环境指的是组织内部的精神环境，对组织管理有着直接的影响。心理环境制约着组织成员的士气和合作程度的高低，影响着组织成员的积极性和创造性的发挥，进而决定了组织管理的效率和管理目标的实现。心理环境包括组织内部和睦融洽的人际关系、人事关系，以及组织成员的责任心、归属感、合作精神和奉献精神等。

文化环境至少有两个层面的内容：一是组织的制度文化，包括组织的工艺操作规程和工作流程、规章制度、考核奖励制度以及健全的组织结构等；二是组织的精神文化，包括组织的价值观念、组织信念、经营管理哲学以及组织的精神风貌等。一个良好的组织文化是组织生存和发展的基础和动力。

（二）组织外部环境

组织外部环境是指组织所处的社会环境。组织外部环境影响着组织的管理系统，实际上也是管理的外部环境。组织外部环境可以分为一般外部环境和特定外部环境。

一般外部环境包括的因素有：社会人口、文化、经济、政治、法律、技术、资源等。一般外部环境的这些因素，对组织的影响是间接的、长远的。一般外部环境的剧烈变化，会导致组织发展的重大变革。特定外部环境主要是针对组织而言的，包括的因素有：公众、企业、政府和社会团体等。特定外部环境的这些因素，对组织的影响是直接、迅速的。组织外部环境从总体上来说是不易控制的，因此它的影响是相当大的，有时甚至能影响到整个组织结构的变动。对组织外部环境进行分析，目的是要寻找出在这个环境中可以把握住哪些机会，必须要回避哪些风险，抓住机遇，健康发展。组织作为一个开放的系统，必然时刻与环境进行物质、能量、信息的交换。

(三) 组织环境的主要性质

组织环境具有以下性质:

第一,客观性。组织环境是客观存在的,它不以组织中人们的主观意志为转移,而且它的存在客观地制约着组织的活动。作为组织环境基础的自然和社会的各种条件是物质实体或物质关系,它们是组织赖以存在的物质条件,对组织来说是一种客观存在的东西。

第二,系统性。组织环境是由与组织相关的各种外部事物和条件相互有机联系所组成的整体,也是一个系统,我们可以将它称为组织的外部系统。组成这个系统的各种要素(如自然条件、社会条件等)相互关联,形成一定的结构,表现出组织环境的整体性。组织所处的社会是一个大系统,组织的外部环境和内部环境构成了不同层次的子系统。任何子系统都要遵循它所处的更大系统的运动规律,并不断进行协调和运转。人们的管理活动就是在这种整体性的环境背景中进行的。

第三,动态性。组织环境的各种因素是不断变化的,各种组织环境因素又在不断地重新组合,不断形成新的组织环境。这种环境自身的运动就是组织环境的动态性。组织环境经常处于发展变化之中,这使组织内部要素与各种环境因素的平衡时常被打破。因此,组织必须及时修订自己的经营方案,以适应不断变化的环境,通过调整组织系统输入输出的结果,促使组织环境更加有序地朝着有利于组织系统生存和发展的方向运动。组织环境的客观性、系统性、动态性等特征说明了组织环境本身就是一个有着复杂结构的动态系统。正确分析组织所面临的环境中的各种组成要素及其状况，是进行成功管理不可缺少的前提条件。

组织对环境的依赖关系，决定了在组织发展中必须把组织环境问题放在突出位置来考虑。组织的客观性使任何组织都必须认真面对环境问题，不能采取回避的态度。同时，组织环境也是一个动态发展的过程，所以社会组织必须把握现代环境的特征，确定自己在沟通协调过程中的基本方略。

20世纪80年代以来，世界政治、经济格局发生了巨大变化。基于宏观环境的变化巨大，社会组织迫切需要一套符合当前时代环境的管理理论和模式来指导其管理中的沟通协调行为。基于组织管理学视角进行观察，当今的社会环境表现出下述突出特征：

第一，人性特征。现代社会中的人性特征表现为高度的自我意识与个性张扬，价值取向更加多元。

第二，一体化特征。随着知识经济的浪潮波及世界的每个角落，政治、经济实体之间的依存度持续加大。

第三，技术特征。技术进步日新月异，新技术的应用对传统的管理方式产生重大影响，因为生产作业模式是管理运行的内在要求，管理运行方式是为生产作业服务的。

第四，信息特征。信息革命方兴未艾，信息技术的广泛应用，特别是互联网的普及，从根本上冲击了传统的社会交往模式，需要全新的沟通协调模式与之相适应。

第五，变化特征。社会变革速度一日千里，需要有更加灵活、普适的管理模式与之相适应。管理模式的适应性是对当前管理实践的重大挑战。

从上述现代社会环境发展变化特征可以看出，当代的组织沟通协调模式是建立在多元化管理背景基础上的。社会呈现出多元化的趋向必然使组织处于多元化的环境中，组织的生存环境、文化环境等都不再是原来的单一环境，而是呈现出了多元性。

应该看到，建立适应变化环境的沟通协调模式已经成为组织发展的中心课题。因为组织处于动态的多元化背景中，组织必须要高瞻远瞩，不断调整自己的发展方向，以适应社会的变化。这些变化和调整一方面使组织主动与社会沟通协调变得更为必要，另一方面也增大了组织沟通协调的难度。提高组织在复杂环境中的沟通协调能力，成为营造良性组织环境的基础性条件。

二、主动沟通，提高认同

对于个人而言，沟通是一种有意义的互动过程。沟通的目的在于：为了满足社会需求而和他人沟通；为了肯定自我而和他人沟通，通过沟通形成各种关系；人际关系提供了社会功能，通过社会功能可以发展和维持与他人之间的关系。通过沟通，人际关系得以发展、改变或维系，这对于一个人的成长具有重要意义。沟通最重要的一点在于相互之间必须真诚，并要主动去获取信息。

组织沟通同样如此。组织要通过主动的沟通获得社会的理解，从而为自身发展营造优良的外部环境，就应该真诚地面对

沟通协调

社会，打开组织成员的心灵之窗，实现与社会的真诚交流，化解由于可能的信息阻滞而导致的误解。尤其是当组织面临社会的信任危机时，及时、负责和真诚的沟通就更为必要，否则就会给组织带来意想不到的危害。

2012年6月的一天上午，某市出现能见度较低的雾霾天气，与日常所见雾气不同的是，楼道、室内也出现了这种无法消散的"雾"，不少市民的眼睛及呼吸道出现了不适的症状，并闻到刺鼻气味。雾霾发生初期，该市环保部门依旧按照往常工作程序公开了PM2.5的相关监测数据，没有对发布的数据与实际天气状况、与雾霾未发生前发布的数据之间进行印证，没有预估此时发布该数据可能造成的舆论影响等。由于发布的数据与公众直观感受形成了巨大反差，公众纷纷质疑该数据的准确性。而面对未知的天气状况，公众了解事件真相的需求迫切，希望政府能够展开调查并公布调查结果，但相关部门没有及时发布事件调查结果，导致公众产生种种猜测。各种有关导致异常天气原因的谣言通过互联网在公众中流传，一时间人心惶惶。随后，该市公安局通过技术侦查，抓获造谣者4人。经审讯，4人对编造、传播谣言的行为供认不讳。通过该事件可以发现，政府相关部门存在信息发布不及时、未精准回应网民关切问题等问题。

从以上案例中我们可以看到，在组织由于自身行为面临信任危机时，最有效的手段就是主动与社会进行积极沟通，做到将真实有效的信息及时公开，得到公众和社会的理解，挽回可能受损的形象，否则可能会使组织发展处于非常艰难的环境中。

可见，正如人与人之间最宝贵的是真诚、信任和尊重，组织与社会之间也应该以真诚、信任和尊重的态度建立良性的互动关系。实现这一目标的手段就是真诚的沟通。

三、积极协调，追求共赢

处于共同的社会环境中的组织，对于社会资源有着共同的需求。但是社会资源的稀缺性是一个不争的事实。换言之，在不同的组织之间似乎存在一种难以避免的零和博弈。零和博弈又称"零和游戏"，与非零和博弈相对，是博弈论的一个概念，属非合作博弈，指参与博弈的各方在严格竞争下，一方的收益必然意味着另一方的损失，博弈各方的收益和损失相加总和永远为"零"，双方不存在合作的可能。也可以说，自己的幸福是建立在他人的痛苦之上的。零和博弈的困境，也许不仅仅是一方获益、一方受损，有时候也许最终的结果是双方都受损。

如果一个组织或一个部门的员工各自为战、互不服气，长此以往就会爆发矛盾，导致大家相互拆台。团队散了，工作效率也就随之降低，最后影响到组织的良性发展。因此，对社会组织而言，要实现从博弈到双赢的转化，关键就是在协调基础上的合作。比如，新龟兔赛跑的寓言。第一次比赛兔子输了，要求赛第二次；第二次龟兔赛跑，兔子吸取经验，不再睡觉了，一口气跑到终点。于是乌龟要求再赛第三次，并说："前两次都是你指定路线，这次得由我指定路线。"兔子想："反正我跑得比你快，就按你指定的路线跑！"结果兔子又跑到前面，快到终点时，一条河把路挡住了，兔子过不去，乌龟却慢慢爬到了终点。兔子不服气，就想赛第四次。乌龟说："咱们老竞争干吗？咱们合作吧！"于是，陆地上，兔子驮着乌龟跑，过河时，乌龟驮着兔子游，双方同时到达终点，实现了双赢的结果。

现代社会的一个重要特点就是组织的相互依存度越来越高，必须遵循以协调与合作求得双赢的思路。事实上，对于社会组织而言，组织关系非常复杂，这也就更需要协调，降低整个社会的成本，求得更大范围的共赢。

第三节 公职人员提高沟通协调能力的重要性

在公职人员的能力构建中，一定要突出时代发展对于公职人员提出的新要求，使公职人员充分认识这些新的能力要求对于开展业务工作的重要意义。

一、提高公职人员沟通协调能力的重要意义

(一) 沟通畅通可以降低行政成本

现代政府管理中，人们越来越关注行政成本问题。所谓行政成本，指的是政府行政活动对经济资源的消耗。从狭义的角度看，政府机构正常运行需要消耗资源，比如建筑物、办公设施、人员工资等，这部分行政成本本身不会带来直接的经济效益，但却是必需的。从广义的角度看，政府行政成本还包括政府行政决策所付出的代价，这部分代价是否值得，取决于决策是否正确，如果决策失误，必然会导致不必要的行政成本支出。

建设精干、高效型政府,事关政府的形象和公信力。实现建设精干、高效型政府的目标,必须控制政府行政成本。有效的沟通协调,可以最大限度地降低摩擦成本。摩擦成本即双方在磨合过程中所付出的成本代价。组织中要降低摩擦成本,必须有明确、合理的目标,协调好变革成果和变革速度,对变革的各阶段进行协调和控制。

具体而言,降低管理中的摩擦成本,需要做好四个方面的工作。

第一,降低摩擦成本,需要优化管理层能力组合,形成协调配合机制。管理决策,是一个需要建立在团队智慧基础上、充分集思广益的工作,凭借个人的单枪匹马难以在纷繁复杂的市场环境中闯出最优天地。其实,管理层如同一支优秀的乐队,既要有指挥,又要有提琴手、钢琴师、号手、鼓手等各种人才,各司其职,才能演奏出美妙动听的音乐。管理层组合的关键是选好带头人。一个优秀的带头人,才能集中集体的智慧和力量,在广纳群言中作出科学判断。

第二,降低摩擦成本,需要提高领导艺术和管理水平,协调各方面矛盾。摩擦成本的高低,取决于领导艺术和管理水平的高低。"其身正,不令而行。其身不正,虽令不从。"公道正派的领导作风和道德风范,能够产生强烈的示范效应和导向作用,从而增强群众的信任度、单位的凝聚力。降低摩擦成本最重要的领导方法是授权与整合。领导者的作用是成事而不在做事,授权是领导者成就事业的要诀。只要给予下属充分的信任,使其在职权范围内放手大胆地工作,自主地办事,就能充分调

沟通协调

动其积极性和能动性。

第三,降低摩擦成本,还需要建立团结融洽的人际关系。管理者要在思想感情上牢固树立平等意识,真正尊重管理对象的意见建议,切切实实地关心下属的疾苦。

最后,要善于团结有不同意见的人,这样才能听到有利于改进决策质量、提高管理效益的真实话语。

(二) 协调有效是提升管理合力的基础

与其他任何社会组织一样,政府组织管理效力中很重要的一个方面就是协调,通过有效协调形成管理合力。政府各级部门之间协调不力,就会导致不良状况的出现,不但降低政府效能,而且还会损害政府在群众中的形象。缺乏有效沟通,可能会陷入管理的"囚徒困境"。

"囚徒困境"说的是两个囚徒的故事。这两个囚徒一起做坏事,结果被警察发现抓了起来,分别关在两个独立的、不能互通信息的牢房里进行审讯。在这种情形下,两个囚徒都可以做出自己的选择,或者供出他的同伙(即与警察合作,从而背叛他的同伙),或者保持沉默(即与他的同伙合作,而不是与警察合作)。这两个囚徒都知道,如果他俩都能保持沉默的话,就都会被释放,因为只要他们拒不承认,警方无法给他们定罪。但警方也明白这一点,所以他们就给了这两个囚徒一点儿刺激:如果他们中的一个人告发同伙,就可以被无罪释放,同时还可以得到一笔奖金,而他的同伙就会被重判,而且还要对他施以罚款,作为对告发者的奖赏;如果两个囚徒互相背叛,两个人都会被重判,谁也不会得到奖赏。那么,这两个囚徒该怎么办呢？是选择互相合作还是互相背叛？从表面上看，他们应该互相合作，保持沉默，因为这样他们俩都能得到最好的结果——自由。但他们不得不仔细考虑对方可能做出的选择。A犯马上意识到，他的同伙一定会向警方提供对他不利的证据，然后带着一笔丰厚的奖赏出狱而去，留他独自坐牢。但他也意识到，他的同伙也会这样想。所以A犯的选择是背叛同伙，把一切都告诉警方，因为如果他的同伙保持沉默，他就会是那个带奖赏出狱的幸运者了，而如果他的同伙也背叛他了，那么，他反正也得服刑，起码不必再被罚款。所以这两个囚徒得到了报应——坐牢。

"囚徒困境"是博弈论中的经典案例，个体理性与集体理性的冲突导致了灾难性的后果。如何化解囚徒困境？如果仅仅从管理沟通协调的角度来考虑，其实非常简单，进行沟通协调就可以皆大欢喜了。

在政府管理中，缺乏有效沟通可能会导致许多问题。

第一个问题是部门主义。部门主义的表现就是没有协调配合意识，影响了决策的战略性、全局性和前瞻性，损害了社会公正与大众利益。部门履行职能、行使职权，依据的是政府的行政权力，而不是部门的权力。部门行使权力如果超越政府授权，就是越权或滥用权力。部门如果成为一个个"独立王国"，政府的效率、功能将大大降低。随着市场经济的发展，特别是政府与市场关系的调整，政府在市场竞争领域退出的步伐逐渐加快，政府对经济的干预逐步弱化，部门的职能、权力范围在调整中有所缩小。在这样的情况下，一些部门为了维护自己的

沟通协调

权威，开始强化手中的权力，把权力的着力点放在了部门利益的争夺和使用上，再通过部门利益的使用巩固部门的权力、维护部门的地位。由于部门不顾全局利益，不顾整体利益，过度强调部门利益、部门权力的得失，政府职能严重分化，政府作用受到削弱，由部门履行的政府行为严重不规范。政府职能成为部门的"权力专利"，政府行为变成了部门的"利益机器"，政府服务变成了部门的"制约手段"，在政府进行宏观决策、制定政策、出台改革措施时，始终受到部门意志的影响与制约。长此以往，部门利益使一些改革片面追求经济效益，严重偏离社会公正方向，威胁社会稳定与和谐，将加大国家经济风险和政治风险。

第二个问题是地方保护主义。从本质上看，地方保护主义是地方政府部门只顾局部利益、不顾国家和集体利益，在管理活动中滥用行政权力的表现。部门主义、地方保护主义的彻底根治，依赖于法律、制度的进一步完善。同时，应该在各级政府部门和各级公务员中努力倡导协调意识，培养协调能力，在公务员日常管理中筑起抵御部门主义和地方保护主义的堤坝。

（三）沟通协调凸显阳光、亲民的政府形象

阳光、亲民，是我国政府形象建设的基本目标。阳光政府是指政府政务的公开透明，即政府各级部门及其工作人员主动向社会公开信息，接受社会的监督，做到"让权力在阳光下运行"。推行"政务公开、信息透明、亲民便民"的政府发展目标，是中国民主政治建设的组成部分，它顺应了当今时代中国

加快改革开放、经济建设和社会发展步伐的要求,是解放思想、实事求是、与时俱进的体现,是执政能力成熟自信的体现。

随着我国阳光、亲民政府建设的推进,诸如新闻发言人、听证会、行政服务中心、政府常务会议市民旁听制度、网上政府、电子政务、市长信箱、政府热线等词汇频频见诸报端,这些都是"阳光政府"实施中的一个个缩影。这些措施的基本目标就是实现政府部门、工作人员与社会各界充分的信息沟通与交流。换言之,公职人员的沟通协调能力让各公职人员也必须从政府建设的发展目标的高度来树立沟通协调的观念,提高沟通协调的能力。为防止上访群众堵门,某县委曾在办公楼的每一层楼设了一道大铁门,还在大院外建了一道围墙,群众找县领导得先闯"四道门"。后来,该县领导带头用铁锤拆了"四道门",推行"无围墙政府"建设,推倒大院围墙,建大型市民休闲广场,便利了政府部门与群众的沟通,更树立了政府部门的新形象。

注重信息的沟通与利益的协调,是我国政府管理发展的创新,也是对公职人员能力要求的创新。这一创新手段,是政府管理对社会现实的积极回应,具体而言,就是对我国社会转型这一社会现实的积极回应。

实践证明,社会结构和社会体制类型与政府管理之间,存在着密切的内在关联。政府管理必须正视社会结构的变化,积极主动对社会的变化做出有效的回应。实现政府管理的创新是当代中国社会的必然选择,这就需要更新政府的管理理念,从

沟通协调

传统的政府管理走向现代的政府管理。传统的政府管理理论将政府组织看作一个静态和封闭的系统，忽视了政府组织与外在环境之间的相互关系和相互影响，忽视了政府组织所处的社会环境、文化背景、意识形态等因素，政府主动与社会的信息沟通没有进入政府的重要关注领域，忽视了各级政府工作人员的沟通意识、沟通能力。

我国市场经济的发展和政府与社会关系的调整，极大地调动了社会公众参与的热情。另外，随着市场化改革进程的深入，社会管理领域产生了许多新的问题，而这些问题单纯依靠政府的力量很难得到有效解决，诸如人口老龄化问题、艾滋病防治问题等。国际经验表明，在这些问题面前，政府的力量是远远不够的。市场化改革的深入、市场经济的发展，为公民的社会参与创造了丰富的资源基础，同时，更需要一个充满创造力与活力的社会与之相适应。因此，我们不仅关注组织内部的资源和结构，同时还要关注政府组织的外部环境。

政府创新管理的过程，实际上也是一个内外整合的过程。公民参与政府创新管理的意义在于，可提供创新所需的智慧、知识以及信息。公民参与可以集中民众智慧，吸收不同领域知识，并为政府管理者提供及时有效的信息，从而提升政府管理创新能力。首先，政府要加强与公民的对话，通过与不同利益、政策观点的公民进行讨论、协商和谈判，政府不仅可以获取群体智慧，还有利于增强共识感和责任感，实现公共利益。其次，政府要加强公民参与的制度化建设，就是在充分遵循宪法和法律赋予公民的政治权利和自由的前提下，对公民参与的内容、方式、途径作出明确的规定，使其可以按一定的程序实际操作，并用法律的形式固定下来，做到有法可依、依法参与，使公民参与经常化、制度化。最后，政府必须树立正确的理念，充分尊重公民的人格和合法权利，承认公众在公共管理运行中的主体地位，积极推进公民参与。

因此，积极回应社会转型的需求、推动公民的有效参与、实现政府管理模式的创新，对于政府公职人员的沟通协调能力提出了急迫的要求。在复杂的社会管理中实现管理的目标，沟通协调成为公务员必备的基本素质。

二、加强沟通协调有利于实现信息双向流动和利益有效整合

面对社会发展的客观需求，我国各级政府部门都必须高度重视公职人员沟通协调能力的培养。一方面，政府各级公职人员树立信息沟通的意识，主动向社会沟通相关的信息；另一方面，政府部门公职人员也要注重信息反馈，推动政府、社会之间的信息双向交流。

《中华人民共和国政府信息公开条例》（以下简称《条例》）自2008年5月1日起施行，2019年4月3日修订。制定《条例》，旨在保障公民、法人和其他组织依法获取政府信息，提高政府工作的透明度，建设法治政府，充分发挥政府信息对人民群众生产、生活和经济社会活动的服务作用。这是我国第一部关于政府信息公开的行政法规。《条例》的实施，一方面，使百姓对政府工作的知情权、参与权和监督权得到有效发挥；

沟通协调

另一方面，使政府信息对百姓生产、生活和经济社会活动的服务作用也更加明显。《条例》的颁布实施，是我国政府管理中实现政务信息公开的重大举措，对于加强我国政府行为透明度建设具有重要意义；同时也把政府主动与社会进行信息沟通纳入了法制化范围，使对公职人员信息沟通能力的要求具有了法律意义。

在依照《条例》加强公职人员信息沟通意识和能力过程中，要进一步完善信息沟通传递模式，改变单向信息沟通模式，形成信息的双向沟通。单向沟通是指一方发送信息，另一方被动地接受信息，传送方与接受方之间不构成信息反馈（回流）。双向沟通是指信息的传送与反馈相互交流，由于信息接受方有机会反馈意见，信息传送方能获得相应的反馈信息，因此成为组织沟通和人际关系沟通中的常见形式。仅传达信息和观点，最多只是单向沟通，像带着箭头的直线，有去无回，缺乏反馈；而双向沟通则是一条闭合回线，将信息传递出去之后，再带着新的信息返回。政府管理行为就是在信息的双向沟通中不断改进、提升的过程。所以，各级公职人员一定要有主动获取信息反馈的意识和能力。

第二章
组织内部的沟通协调

对于公职人员而言，在层级化的组织结构中实现有效的沟通协调，是其沟通协调行为的重要领域。公职人员沟通协调的关键是提升和不同对象交流的能力，掌握交流的方法和技巧，在此基础上调整交流各方的利益和关系，使得各自能够分工协作，相互配合，高效有序地完成组织的工作目标。

第一节　与上级的沟通协调

公职人员有效的沟通协调行为，对于政府组织、公职人员个人而言都具有重要的意义。公职人员的沟通协调在多个领域中展开，其中一个重要的方面就是与上级的沟通协调。

与上级积极地沟通协调，既能够准确了解信息，提升工作效能，又能向上级表达自己的意愿，形成积极的双向互动。在中国历史上，有一对君臣的故事传为美谈，那就是魏征与李世民，前者正直进谏，后者礼贤纳谏。这固然需要以唐太宗是个

沟通协调

明君为前提,但是很多人往往忽略了重要的一点:魏征不仅正直,还是一个非常智慧与机敏的沟通大师,他深谙与直接上级的沟通协调之道,从而将他对李世民的影响发挥到了极致。现代社会,每个公职人员在工作中也都面临着共同的问题,即如何处理好与上级之间的关系。实现与上级的有效沟通协调,对于公职人员营造良好的工作环境、保持正常的工作心态,有着极其重要的意义。

一般来说,管理者要考虑的事情很多、很杂,经常会忽视与部属的沟通。更主要的,管理者在下达命令让员工去执行后,自己并没有亲自参与到具体工作中去,因此没有切实考虑到员工遇到的具体问题,总认为不会出现什么差错,导致缺少主动与员工沟通的意识。所以,员工尤其应该注重与主管领导的沟通。作为员工,应该有主动与主管领导沟通的意识,这样可以弥补主管领导因为工作繁忙和没有具体参与执行工作而忽视的沟通。

一、与上级沟通协调的基本要求

(一)以工作为核心

公职人员与上级之间的关系是工作关系,因此,公职人员在与上级沟通协调时,应当从工作出发,以做好工作为沟通协调之要义。

从工作出发处理与上级的沟通协调关系,就要摒弃个人之间的恩怨,摒弃个人私利和情感,摒弃人身依附关系,摒弃不管上级所作所为正确与否都一律服从的做法,摒弃只要是上级就是心目中偶像的错误观念和错误做法；摒弃出于个人目的讨好上级，以换来自己所需要的某种东西，为自己的升迁和谋私铺平道路的恶劣行径；还要摒弃那种出于个人目的，明知上级错误严重、事实清楚，还要为其打掩护，帮其蒙混过关的错误做法。一个优秀的公职人员，在与上级沟通协调时，一切以工作为核心，作风要正派，切忌对上级讨好献媚、吹吹捧捧、阿谀奉承、百依百顺，丧失理性和原则，甚至违法乱纪。

（二）服从原则

公职人员在与上级沟通协调时，必须服从上级决定，不得以任何借口拒不执行，也不能随心所欲，各取所需。

上级居于领导地位，掌握全盘情况，一般考虑问题比较周全，处理问题能够从大局出发。在与上级沟通时坚持服从原则，是一切组织通行的原则，是组织获得巩固和发展的基本条件。诸多事实证明，如果公职人员在与上级沟通协调时不服从上级，那么这个组织就无法形成统一的意志和严密的整体，组织就会像一盘散沙，也就不可能顺利发展。公职人员服从上级，应抱着对工作负责的精神，采取实事求是的态度，一旦发现上级的某些错误，就应及时反映给上级，并请求上级改正。否则，只讲服从原则，不讲对工作负责，就会把服从原则变成对上级的盲从。

（三）非理想化

非理想化原是指在公职人员与上级沟通协调的过程中，不要用自己头脑中形成的理想化模式去对应现实中的上级，从而造成对上级的过分苛求。

沟通协调

魏征常常当面指责唐太宗的过错,这让唐太宗感到很生气。一次,唐太宗宴请群臣酒后吐真言,对长孙无忌说:"魏征以前在李建成手下供事,尽心尽力,当时确实可恶。我不计前嫌地提拔任用他,直至今日,可以说是无愧于古人。但是,魏征每次劝谏我,当不赞成我的意见时,我说话他就默默不应。这样做未免太没礼貌了吧?"长孙无忌劝道:"臣子认为事不可行才进行劝谏的,如果不赞成而附和,恐怕给陛下造成其事可行的印象。"唐太宗不以为然地说:"他可以当时随声附和一下,然后再找机会陈说劝谏,这样做,君臣双方不是都有面子了吗?"这段史实说明,公职人员在与上级沟通时,一定不要把上级完全理想化,认为上级也是能够按照自己的思路来思考问题的。

其实,生活在这个世界的人,谁也不可能十全十美,"金无足赤,人无完人"。因此在实际工作中,公职人员不能用理想化的方式要求上级,更不能蔑视或瞧不起上级。"水至清则无鱼,人至察则无徒。"

坚持非理想化原则,首先必须全面看待上级,既看到优点,又看到缺点;既看到长处,又看到短处;而且要着眼于上级的优点和长处。对于上级的优点和长处,可以实事求是地表示赞扬,但要有度。这种沟通方式可以拉近彼此的距离,增进感情,实现良好的沟通。其次,要能容纳上级。容纳上级,在此是指能够容纳上级的一般性错误和缺点,克服求全责备的思想。例如,某单位召开年终总结大会。单位领导在总结中说:"今年我们单位完成的项目共有 56 个。"话音未落,一位下属直接回应道:"这个数字不对,这是年中的数字,现在已达到72个了。"顿时全场哗然,领导神情十分尴尬地说:"不要打断我讲话。"从这个例子可以看出,这位下属的沟通方式欠妥,这种生硬的方式使领导在公开场合下不了台,会上写纸条或会后委婉地指出这一问题更为合适。同时,对于领导可能出现的错误进行劝谏时,要注意自己沟通的方式方法,如果上级明显不悦或找出各种理由极力为自己辩解,要立即停止,不要激化与上级的矛盾。如果上级认识到自己的错误并为此感到懊恼,要找出适当的方式让上级得到心理上的安慰。

二、与上级沟通协调的方法

(一) 适度沟通

所谓适度,是说公职人员在与上级沟通协调时,既不要"不及",也不要"过分",要使自己与上级的关系保持在一个有利于工作、事业及二者正常关系的适当范围内,形成和谐愉快的工作环境。要做到这一点,应注意以下三个方面:

第一,与上级的心理交往要适度。所谓心理交往要适度,就是指与上级沟通协调的积极性要适度。如果存在着"缺度"或"过度",表现得消极或过分积极,都不利于与上级建立和发展良好的关系。

有两位新上任的部门主任甲和乙,他们的业务水平都非常过硬。不过,这两个人在与上级沟通协调时,却采取了两种截然相反的态度。甲认为一定要和上级搞好关系,于是一天到晚总往单位领导那儿跑,弄得员工议论纷纷,都说甲只会讨好领

沟通协调

导拍马屁，不关心下属员工的实际工作。后来话传到领导耳中，让领导很难堪。而与此相反，乙则认为"打铁还要自身硬"，于是，就指挥自己部门的员工埋头苦干，为了业务工作，他甚至连主任会议都没有时间参加，总认为"业绩自己会说话"。结果，工作业绩是上去了，可部门员工却不买账，他们认为这样的主任只会累自己人，不会为他们着想，而上级领导也因为他常常不来开会对他特别不满，乙因此闹得里外不是人。

如此看来，与上级沟通协调一定要适度，如果心理"缺度"就要补足，"过度"就要减弱，"适度"就要保持。只有这样，才能使沟通协调的积极性与上级的客观实际和需要相统一，从而达到预期目的。

第二，与上级的角色交往要适度。在这种沟通协调中，公职人员与上级的交往频率不能过高，也不能过低。交往频率过高，如工作中不管大事小事都向上级请示，短时期上级可能会认为你尊重他，可时间长了，上级就会认为这样的领导缺乏独立工作能力，遇事没有主见。而若交往频率过低，如有的工作该请示不请示、该汇报不汇报，则会让上级感到恼火，认为你目中无组织、无上级。因此，与上级的角色交往频率过高过低都是不好的。

第三，与上级的非角色交往要适度。所谓非角色交往，是指以个人的角色身份与上级进行的交往，也就是私下交往。在现实生活中，上下级之间结为朋友，进行大量非角色交往的也不乏其人，这种非角色交往，对于上级掌握下情、密切上下级之间的关系、有针对性地实施领导，都是很有必要的；但不能过度，因为非角色交往是不能取代或排斥角色交往的。所以在与上级沟通协调时，要注意非角色交往的使用。

（二）灵活沟通

每个人都有自己的个性和习惯，在沟通协调中要注意了解上级的爱好、兴趣、性格、气质、处世态度和方式等。和上级沟通协调绝不可千篇一律，要灵活对待。

要做到与上级灵活沟通，首先要了解上级的性格特征，应"对症下药"。人都爱听自己感兴趣的话题，这样做就为与上级的沟通开了个好头。其次要了解上级的特点和习惯。上级的特点就是上级区别于别的领导的特别显著的征象、标志，它体现在性格、气质、工作方法等方面，如从作息时间上看，有的上级习惯于上午集中精力处理一些重大问题，不喜欢有人去打扰他；而有的上级则喜欢上午看些文件，与人交谈，到处走走。

明朝的徐达在这方面比较成功。徐达原是朱元璋的老部下，在攻打张士诚时，朱元璋任命他为大将军。徐达一路大捷，眼看就要攻下苏州城。但这时，徐达没有自作主张，在开战之前派自己心腹密使去向朱元璋请示攻城计划。朱元璋听了具体汇报后很高兴，写信回复让徐达自己来定夺攻城事宜，并对徐达的忠诚表示了肯定和赞赏。徐达接到授权的指示，立即攻城并活捉了张士诚。得知战事大捷的好消息，朱元璋甚是欣喜，随即封徐达为信国公，犒劳三军将士。通过这件事情可以看出，徐达平时熟悉朱元璋生性多疑的脾性，且对自己的权威又看得极重，攻城这样关键的事情如果不请示他，会让他觉得没有受到下属的重视。可以说，正是徐达充分了解了"上级"的习惯特征,才能采取适当的方法与上级沟通协调,获得了朱元璋的信任,从而达到令人满意的效果。

所以,作为一个善于沟通协调的公职人员,首先要努力摸清上级的工作特点和习惯,平时注意从多个渠道、多个角度去观察和了解上级,增加和上级直接交往的机会,摸索、寻找适应上级的合适、简洁、有效的沟通方式。其次,要根据实际情况选择合适的沟通场合、时机和方式,善于抓住契机,让沟通成为工作有效的润滑剂。此外,沟通的渠道不仅包括正式场合、上班时间关于工作的沟通,还包括其他场合沟通其他方面的事情,这样也能有效增进与领导的默契。要有随机应变的能力,当某一个沟通渠道由于外部因素被阻隔时,要积极调整自己的沟通策略,及时建立新的沟通渠道。

(三) 主动沟通

任何一个公职人员都希望上级能够了解自己,只有上级了解自己,才能取得上级的信任和赏识。的确,取得上级的了解和信任,是与上级进行良好沟通协调的关键。但是,许多公职人员因怕有"拍马屁"之嫌而不愿接近上级,不主动与上级沟通协调,这就给上下级之间的沟通设置了障碍。从上级的角度来看,自然要主动与下级沟通协调,以达到彼此相互了解的目的。但有的上级工作繁忙,排不出多少时间;而有的上级摆架子,不愿主动接近下级;也有的上级根本不想去了解下级。所以,仅靠上级单方面的努力是不行的,作为下级,也要尽可能地主动与上级沟通协调,从而使上级了解自己。没有了解,信任就无从谈起。

主动与上级沟通协调，首先要有与上级沟通的主动意识，可以就工作中遇到的一些问题或产生的想法主动与上级沟通，通过沟通引起上级对工作的重视，同时在沟通过程中展示自己的能力和努力程度，这样才能让上级有更多的机会了解自己。当然，在主动与上级沟通协调时，也要掌握一定的方法和艺术，可以试着用以下几种方法：

第一，反复强调法。当就某一工作向上级请示时，如果公职人员认为这一事项较为重要而没有引起上级重视，就需要和上级反复沟通，强调其重要性，使上级重新认识到这件事的重要性，并获得上级支持。

第二，侧面疏通法。向上级请示汇报工作遇到正常沟通无效的情况时，可以采用侧面疏通法。比如，可以找上级比较欣赏、信赖的下级，与上级关系较好的同级、朋友等帮忙进行沟通。当然，采取这一方法时，要注意以下几方面：一是不要选择多个人就该事宜去和上级沟通，避免让上级误认为你在给他施加压力；二是要掌握好沟通时机，不要在上级生气的时候沟通，以免影响沟通效果。

第三，旁敲侧击法。当上级一时难以接受甚至拒绝接纳下属的建议时，采取旁敲侧击法，以退为进、以迂为直地与上级沟通，使上级得以领悟其中的利害关系和是非曲直，改变对事情的固定思维和坚持，从而达到劝谏的目的。这种方式也避免了直接触犯上级，给自己带来不必要的麻烦。

第四，实绩启迪法。向上级汇报一项新工作时，上级一时半会很难全面了解该项工作，也难以进行决定。这时，可采用

沟通协调

向上级展示工作实绩的方式，比如实地视察，和其他部门或单位座谈、走访，了解他们开展这项工作取得的成绩，从而更快速、更全面地认识这项工作的性质，进而支持下级提出的方案。采用这一方法，一定要实事求是，切忌夸大其词或刻意缩小成绩。夸大其词容易让上级产生不信任感，刻意缩小成绩则无法引起上级的足够重视。

第五，时势催逼法。当上级对一项工作犹豫不决、举棋不定时，可以向上级施加一定的压力，比如中央精神的贯彻落实、国家政策的执行到位等，让他们消除心理上的负担，从而改变犹疑的态度进行决断。采用这一方法时需因人而异，对政治意识比较强的上级，可以着重提供新闻媒体报道的中央领导的重要讲话、报刊书籍上刊登的重要理论文章；对关注工作实绩的上级，可以着重提供可靠的信息数据和事实材料。

通过这些方法，公职人员可针对不同上级的特点，主动与其沟通协调，从而获得上级的理解和支持，在工作上赢得主动。

（四）理解支持

公职人员在与上级沟通协调时，要善于设身处地地替上级着想，体谅他的难处。上级固然手握权力，可以对管辖内的人、财、物行使支配权。然而，上级也有上级的难处，即他的支配权是有限的，是受到制度、客观条件和诸多人际关系制约和限制的。在工作中要尊重上级，不要在公共场合挑战上级的权威，对于上级做出的正确决策，要积极服从并贯彻执行。在充分理解上级的基础上，公职人员要有大局观，不要计较一时的利益得失，在职责范围内大胆负责地开展工作，勇挑重担，多承担一些大家不愿意干的事情，为上级分忧，取得上级的理解、信赖和支持。

三、与上级沟通协调的注意事项

我们来看一个案例。小张大学毕业后考入某单位业务部门，在进入单位工作两个月后，他发现工作流程上有一些不顺畅的地方。有一天，在没有提前告知上级的情况下，小张拿着自己撰写的建议书直接去上级办公室反映情况。进门后，小张直接说："刘主任，我到单位已经快两个月了，我有一些想法想和您谈谈，您有时间吗？"领导连忙说："来来来，小张，本来早就应该和你谈谈了，只是最近一直忙着其他事情，就把这件事耽搁了。"小张说："刘主任，我来单位这段时间，观察到一些工作流程上职责界定不太清楚、协调上存在互相推诿的情况。单位有些制度规范要求不太符合实际，影响了大家的工作积极性。"小张按照自己手里建议书的内容开始逐条向刘主任叙述。刘主任听后微微皱了一下眉头说："你说的这些问题我们单位确实存在，但是并没有影响到单位的正常运转，说明目前实行的制度还是有它的合理性。"小张急忙反驳道："刘主任，现在没有问题并不代表永远没有问题，等问题严重就来不及了。"刘主任看了下小张，说道："好了，那你有具体方案吗？"小张说："目前还没有，这些还只是我的一点想法而已，但是如果得到了您的支持，我想方案只是时间问题。"刘主任接着说："那你先回去做方案，把你的材料放这儿，我先看看然后给你答复。"说完这句话，刘主任头也不抬地继续看他桌上的文档，小张只好

沟通协调

怏怏地走出了办公室。之后，小张再也没有和刘主任就该事情进行交流。

本案例中，沟通失败的主要原因是沟通双方没有掌握相应的沟通策略和技巧。首先，小张到单位工作才两个月，之前也没有工作经验，在没有对问题进行深入分析的前提下，凭借自己的主观感受就直接给上级提出建议，很容易给上级一种"年轻气盛、脱离实际"的感觉。其次，小张在没有拿出初步可行方案的情况下，直接去找上级提建议，容易让上级觉得没有说服力，认为小张只是一时兴起提出这些建议。再次，小张没有向上级描述存在的事实和问题，而是直接给上级提建议，难以使上级认识到问题的存在和解决的必要性。最后，小张在没有提前告知上级的情况下直接去找上级，没有询问上级是否有时间，让上级感觉没有得到应有的尊重。在沟通过程中，小张缺乏相应的沟通技能。在没有任何铺垫的情况下，直接就跟上级说单位的管理问题，在某种程度上让上级觉得这更像是一次抱怨的发泄而非建议。

如果小张能在和上级进行沟通协调之前做好以下工作，沟通的效果将事半功倍。首先，在沟通之前做好资料整理和分析准备工作，包括该工作具体流程的问题，相关制度规范；以前是否有人提出过改进建议、结果如何，上级的性格和脾性以及他在组织中的地位和影响力，该问题存在和严重性的各种事实。其次，汇报之前要事先提出初步的解决问题的方案，上级更希望下级在提出问题时能够拿出解决问题的具体方案，而不仅仅是指出问题所在。最后，向上级提建议时先咨询上级的意见。

作为一个刚毕业的大学生,到单位仅2个月时间,对许多事情的认识还只停留在表面,所以在与上级沟通时,可以先向上级请教有关管理方面的问题,探知上级的看法和态度后,再决定是否进行建议。

与上级的沟通协调主要围绕工作来进行,因此有必要了解和掌握沟通工作事宜的具体方式和方法。

第一,汇报工作要选择合适的时机,当发现上级公务繁忙或心情不好时,不要提出一些细碎、麻烦的问题。要及时了解和掌握上级的情况,比如上级出差、开会等情况,从而灵活安排汇报事项。对于一些重要事项的决策,要尽量给上级预留充足的时间进行考虑。

第二,汇报具体工作时首先要说明结果,让上级了解工作完成的程度,然后根据上级的需求,有针对性地汇报工作的具体过程。汇报工作之前要做好准备工作,将与工作相关的基本问题梳理清楚,做到上级询问时能准确地进行回应,切忌漫不经心、毫无准备地做汇报,避免因为自己思路不清、重点不明、缺乏逻辑的汇报使上级对汇报内容不感兴趣,或者看不到下属付出的努力。

第三,在工作开展过程中要随时向上级汇报进展。当下属接受上级交办的任务后,要合理规划自己的工作进度,要和上级要求的时限保持一致,在工作过程中恰当的节点及时向领导汇报,尤其是当工作中出现一些困难时,要让上级及时知道目前的工作进展情况,取得了哪些成效,还需要提供哪些支持。通过汇报,还能及时听取上级对该项工作的具体意见和建议,

沟通协调

及时提供推进工作所必需的资源，从而有效地推动工作的开展。

第四，汇报工作要尽量抓重点。在有限的沟通时间内，要准确、清楚地将工作最新进度与相关情况进行汇报，让上级全面了解情况，保证信息的真实性，减少不必要的猜测，切忌报喜不报忧。汇报要抓住工作的重点，不要事无巨细，不要把所有的问题都推给上级，汇报工作是就一些关键性问题征询上级的意见和建议，让上级进行决策。此外，对于一些需要上级进行决策的问题，可以多提供几个可行性的方案供上级选择，既有利于上级在有限时间内进行关键事项的决策，同时也让上级了解到自己对这一问题的思考和努力程度。

第五，汇报工作要实事求是，不要刻意欺骗、隐瞒事实、破坏双方的信任关系。一旦上级开始质疑下属的诚信，沟通就会存在障碍和掣肘，更会影响日后双方正常的工作与交流。

第六，沟通过程要尊重和理解上级。在沟通过程中，下属要认真倾听上级的意见，不要轻易打断上级说话，扰乱上级思路。只有虚心请教、认真倾听，上级才有可能就一些关键点、重点和难点给予指点和建议。同时，不要形成对上级的依赖思想，在平时的工作中要善于总结以往工作经验，及时反思不足之处，进而在后续的工作中改进工作方式，提高工作效率。

总之，做好与上级的沟通协调，公职人员要注重提升自己的能力素质，比如掌握汇报工作的技巧、提出富有建设性参考建议的能力、解决急难险重问题的能力和果断力、耐心倾听的能力等，进而更好地处理与上级的关系，形成良好的工作氛围，提升组织和部门的工作效率。

第二节 与同级的沟通协调

处理好与同级的沟通协调对公职人员来说也非常重要。同级关系，是指在领导活动过程中，同一层次公职人员之间存在的一种横向人际关系。在我们国家，同级关系大致可以分为以下四种类型：一是政治领导与业务或行政领导之间的关系，如党政负责人之间的关系；二是副职与副职之间的关系，如副院长之间的关系、副书记与副院长之间的关系；三是同一组织内部处于同一层次上的不同部门之间的领导关系，如组织部部长与宣传部部长的关系、各处处长或各处副处长之间的关系等；四是同一组织内部同一层次上的非领导成员之间的关系，如处室同事之间的关系、不同处室同事之间的关系。不论是哪种类型，同级领导者之间都既是天然的"合作者"，又是潜在的"竞争者"。这是一种微妙的人际关系，必然会产生既渴望"合作"又警觉"竞争"的复杂心理。因此，公职人员在与同级沟通协调时，就特别要注意沟通协调的基本要求，讲究一定的方法和艺术。

一、与同级沟通协调的基本要求

（一）尊重对方

被尊重是人的一大需要，每个人都有自尊心，都希望别人看得起自己，公职人员也一样希望受到其他成员的重视。这种尊重包括集体各成员给予的重视、承认、名誉、地位和赏识等。每个成员都希望获得其他成员的承认、尊重和较高的评价，希望自己受到礼遇，获得较高的名誉和地位。因此，高明的领导者都十分尊重他人。

国外相关研究表明，组织成功的关键在于领导人非常尊重每一位员工的人格。同级领导者之间的互相尊重，对于彼此之间的沟通协调也是十分重要的。只有互相尊重，才能互相信任，把对方视为知己，从而形成一种融洽的同级关系。

古语云：敬人者人恒敬之。尊重是相互的。只有自己尊重别人，才能受到别人的尊重。要使同级尊重自己，就必须首先尊重同级的人格，尊重同级的工作和劳动，尊重同级的作用。伤害了别人的自尊心，就不可能得到别人的尊重。

另外，年轻的领导还要尊重年长的领导，遇事多征求他们的意见，因为许多年长的领导怕别人认为自己老了，干什么都不行了，怕被别人冷落。年长的领导也要尊重年轻领导者的干劲和首创精神，遇到问题多让年轻人发表意见和看法，大胆放手让他们多做工作。如果年长的领导什么都不放心，都插手过问年轻领导的工作，就会使他们感到不被信任，自尊心会受到伤害。因此，公职人员在与同级沟通协调时，首先要彼此尊重。

（二）真诚待人

常言道："精诚所至，金石为开。"用真诚架起心灵的桥梁，唯有真诚才能打开人们心灵的窗口，拨动人们的心弦，激起人们心灵的共鸣。同级领导者之间要互相沟通协调，就必须以诚相见。有的公职人员抱着"逢人只说三分话，未可全抛一片心"的原则，对同级怀有戒心，不肯暴露自己的真实想法，遮遮掩掩；有的公职人员当面一套说辞，背后一套做法，当"两面人"。这些做法都容易失信与人，让其他人处处提防。这种把同级当成"敌人"、当成陷阱、对人防之又防的思想不克服，就无法与同级进行良好的沟通协调。"投之以桃，报之以李"乃是人之常情，领导者以诚待人，对方一般都会理解和接受。但在对方对自己抱有成见的情况下，公职人员的真诚可能就变成只有输出没有反馈的单向流动，这就需要公职人员要有百折不挠的韧劲，不要期望毕其功于一役，其实这也是真诚本身的题中应有之义。只有持之以恒、不求回报，才能显示出真诚；也只有这样的真诚，才经得起时间与实践的考验。

（三）主动谅解

每个公职人员都希望有一个好的、令人心情舒畅的工作环境和领导集体。但领导集体中各个成员由于分工不同，看问题的角度不一样，工作上的某些看法不一致，相互之间确实存在一些差异。这些差异反映在各自分管的工作中，就会缺乏统一的步调和行动，出现困境、漏洞或疏忽，势必影响到其他成员分管范围内的工作。这时候就需要分管其他工作的成员对此予以充分的谅解，团结和谐，顾全事业发展的大局。要大事清楚，小事糊涂；对他人要虚怀若谷，豁达大度，千万不能从个人恩怨出发，给人发难；在工作中，不要为了一些蝇头小利去斤斤计较，算计他人。

善于谅解人，就是要帮助他人分析造成困难或错误的原因，提出合理的建议，以真诚的态度指出毛病所在，同时帮助解决这些问题；当对方出现工作失误时，也不会背地里向上级告状，故意搬弄是非；不会因为对方给自己带来麻烦而抱怨、指责，甚至耿耿于怀。抱怨和责难不仅不会给解决问题带来好处，反而会使工作难以进行，同时会使对方陷入更大的困境，并严重伤害双方的感情。谅解带来相互间的尊重、信赖，也为自己消除了关系可能出现裂缝的隐患。

实际上，谅解别人，就是关照了自己，并为建立一种更真诚、更亲密的关系打下了基础。有时候，别人工作中出现了毛病，原因可能并不在他自己，也许别人的问题恰恰是自己的疏忽造成的。在这种情况下，就应主动交流情况，承认自己的疏忽，这对于建立双方诚挚的、友好的关系，对今后的工作，都是有百利而无一害的。

（四）自我克制

公职人员在与同级沟通协调的过程中，往往会因在某件事情上意见、态度、看法不一致而发生分歧，甚至会出现争吵、发脾气的现象。在这种情况下，公职人员就要学会控制自己，增强自己的自制力。

因为每个人都有自己的个性，喜怒哀乐也是人之常情。如果同级公职人员在对某一问题交换意见、看法的过程中不考虑对方的感受，不能很好地控制自己的情绪，就会言辞激烈，伤害对方的感情。一个人经常发怒是很难与人相处的。在相互交往过程中，有些事情的确很令人生气，例如一些明知故犯的错误、一些不合理的要求、一些背后的"小动作"和造谣中伤等。遇到这种情况，切不可感情用事，要认识到每个人的思想觉悟、修养、水平是不一样的，每个人都有自己的短处，自身也可能有做得不对的地方。

具有较高的自制力，不但是一个公职人员道德品质、世界观、思想修养的表现，而且也是公职人员相互之间建立良好沟通协调关系的情绪基础。大家在一起工作久了，常常会不自觉地谈论某些话题，比如工作进度、工作方式、说话方式等。围绕这些题目，总会产生一些争论，随着争论次数的增多，大家语言的激烈程度也会增多，这会给对方造成伤害。所以，在双方意见不统一、容易产生争论的情况下，公职人员首先要想到：自己的激烈言辞和发脾气会给对方带来什么影响？发怒是否会有助于问题解决？发怒会造成什么后果？自己有哪些做得不对的地方？等等。如果能想到这些，自己的情绪就会冷静下来，从而减少争吵和伤害感情的机会。

在日常工作的协调互动中会涉及大量的解释、说服工作，恰当地组织、运用语言对取得理想的协调结果是非常重要的。处理同样一个问题，协调者运用语言的方式不同，最后的效果可能大相径庭。因此，公职人员在协调过程中要时刻注意自己的语气和态度，尤其当自己理由越充分时，沟通的语气越要柔和，态度越要诚恳，让对方能感到尊重和亲切，从而让对方心服口服地接受自己的建议。

二、与同级沟通协调的方法

（一）主动沟通，虚心学习

同级之间良好感情的增进，首先在于主动沟通。实践证明，大多善于主动沟通的公职人员，很容易被对方理解和信任，彼此之间的"心理防线"都容易迅速消除。相反，公职人员之间

沟通协调

缺乏主动沟通精神，彼此"各揣心腹事"，最容易发生心理冲突，造成"僵局"。在这种情况下，最需要一个主动者先敞开心扉，疏通情感交流的渠道，如此，对方也会逐步开启"心理门户"。这样"一来一往"，感情自然会逐渐加深。如果说主动沟通是一个姿态问题，那么善于主动沟通则是一个艺术问题。以下几点需要特别注意：第一，要善于选择最适合交谈的场合以及最容易引起对方兴趣的话题；第二，交谈时，不论对方态度如何，都要谦虚、诚恳，并贯穿交谈的始终；第三，交谈中，要善于体察对方的心理变化，当对方对某一话题或某一句话产生共鸣时，应因势利导，迅速向广度和深度扩展，当对方对某一问题表现冷淡或反感时，应机智地转移话题；第四，要讲究语言艺术，尽量选择"商量式""调剂式""安慰式""互酬式"的语言，并注意分寸；第五，即便谈话不成功，也不要丧失信心，要善于总结经验，寻找机会再谈，因为"成功常常存在于再坚持一下的努力之中"。

公职人员在与同级主动沟通的过程中，还要注意"笑"的应用。笑，是表达和增进感情的重要方式。在工作中做到"相逢开口笑"是强调同级之间、同事之间要善于以笑的力量感染对方，创造一种美好和谐的气氛。这种笑是满含深情的笑，是健康美好的笑，是"诚于中而形于外"的笑。

在同事特别是同级之间，"相逢开口笑"有助于解决某些分歧和矛盾。鲁迅说得好："相逢一笑泯恩仇。"现实生活中，同级之间的某些分歧或纠葛，常常在一笑中了之，这说明笑是一种奇妙的语言，它既能表达敬意，也能表达歉意，还能表达谅解、宽恕等心意。同级之间"相逢开口笑",对缩小彼此心理距离、消除各种疑惑、增强团结与合作,具有不可取代的作用。

在主动与同级沟通协调的同时,公职人员也要虚心向同级学习。领导者在同级面前应该放下架子,谦虚谨慎,虚怀若谷,不耻下问,主动向同级学习,遇事主动征求同级意见,向同级讨教,对同级的意见、劝告,只要是正确合理的,都应该采纳,这样既尊重了同级,又能利用他人的长处来弥补自己的不足,从而提高自己的领导水平。领导者需要有丰富的知识、卓越的才能,而领导者个人的时间、精力、智力、经验、观察问题的角度总是有限的,只有互相学习、取长补短,才能共同提高。如果骄傲自大,处处以人师自居,不仅不肯向别人学习,还对别人指指点点,好为人师,那就会伤害同级的自尊,引起同级的极大反感,结果既伤害了同级关系,又使自己成为孤陋寡闻的"井底之蛙"。

(二) 不要越俎代庖

不要越俎代庖,插手同级的工作。公职人员各行其权、各司其职、各负其责,是组织群体协调有序的前提和表现。因此,在组织群体中,每一个公职人员都有明确的分工和职权范围。当组织将某一方面的工作交由某人来管理,并授予相应的职权,本身是以充分相信他有能力把工作完成好为前提的,因此,分工和职权范围一旦确定,就应让他独立自主地履行自己的职权,负责自己分管的事务,这是对他充分信任和尊重的表现。无论是上级还是同级,都不应越俎代庖,插手他人的工作。因为任何人都不希望被人怀疑自己没有能力把工作做好。作为同级,如果经常插手他人职权范围内的工作，就会使其产生一种被瞧不起、不被尊重的感觉，甚至会有被人"夺权"的想法，因而对你耿耿于怀。当然，不插手同级的工作不应理解为对同级的工作不闻不问，当同级遇到困难时，袖手旁观看热闹。公职人员完成自己的本职工作后，如果有能力、有必要，自然要帮助他人，只是帮助时要掌握分寸和尺度、时机和方法，做到过问不揽权、支持不包办。

（三）多表扬同级，少张扬自己

人是具有能动思维的主体。人所独具的这种特性，表现在生活中就是有一定价值目标，即追求理想和信念的成功，也就是成就感。人的成就感包括事业感和职业感两个方面。职业感是个人对本职工作的态度，满足于本职工作的成就。而事业感是个人追求被群体、社会承认的较高层次的成就。正因为人都有成就感，所以人都有得到赞许的欲望，人们都希望自己的职业、自己的工作受到别人的重视，达到预期的目标后，最大的期望莫过于得到恰如其分的评价和适当的鼓励，而一旦发生某种过失，最害怕的莫过于人家的冷淡。对于同级在工作上取得的成绩、获得的表扬和奖励要表示衷心的赞许，这样同级才会把你视为知己。公职人员应注意肯定同级工作的重要性，对同级的工作多给予赞扬与支持。

另外，公职人员在与同级的沟通协调中，切忌产生嫉妒心理。俄国诗人普希金说过："嫉妒的发作，就好像黑死症、忧郁症、发怒或者神经错乱一样，实在是一种病。"一个嫉妒现象严重的集体，必然产生极大的内耗，大家不是齐心合力一起干事创业，而是互相拆台算计，这样工作将停滞不前，难有起色。想处理好与同级之间的沟通协调关系，就要宽以待人、严以律己、谨慎处事、多做反思，不要功劳全往自己身上揽、失误都往他人身上推，要打造一个阳光团结的集体，尽量与同级保持一种良好的关系，而这种良好关系，也正是每位公职人员在工作中取得成绩、在仕途上得以发展的必要条件。

第三节　与下级的沟通协调

"水能载舟，亦能覆舟"。公职人员在处理好与上级、同级关系的同时，还必须处理好与下级的关系，实现二者有效的沟通协调，以实现组织目标。而公职人员如何实现与下级的沟通协调，是一门重要的领导艺术。

一、与下级沟通协调的基本要求

高效沟通是优秀的公职人员必备的技能之一。公职人员一方面要善于向更上一级沟通，另一方面还必须重视与下属的沟通。许多上级管理者喜欢高高在上，缺乏主动与下属沟通的意识，凡事喜欢下命令，忽视沟通管理。对上级管理者来说，尽管"挑毛病"在管理中有着独特的作用，但是必须讲求方式方法，切不可走极端。"挑毛病"必须实事求是，在责备的同时要告知下级改进的方法及奋斗的目标，既让下级愉快地接受，又不致挫伤下级积极进取的锐气。

沟通协调

(一) 不以权压人

公职人员与下级沟通协调时,要把自己摆在与下级同等的位置上,相互之间平等地商讨、争论和批评。领导者高高在上,不尊重下级,以权压人,只能让下属口服心不服,不利于与下级的沟通协调,长此以往,将产生不可调和的矛盾和冲突。

(二) 不搞"一言堂"

领导者与下级沟通协调时,要以民主的方式对待下级,让下级讲真话、讲实话,什么意见和看法都让下级讲出来,尤其要让少数人把不同意见讲出来。只有这样,才能使上下级之间更加团结、消除隔阂,在心理上和感情上更加接近。

(三) "一碗水要端平"

领导者待人处事要公平合理,不偏不倚,即通常说的"一碗水要端平"。下属最忌领导偏心。凡事光明磊落,处处给人以公平感,会使下属情绪高昂,积极支持上级的工作;不公平感只能使人情绪低落,不思进取,上下级的沟通协调也失去了坚实的基础。

(四) 信任但不放任

信任是领导者与下级建立良好关系的重要因素。一般说来,领导者对下级越信任,下级就越尊重和感激领导者。所以,有的下属说:"我最怕领导信任,因为他信任我,就意味着我必须为他卖命。""用人不疑,疑人不用"是我国古代总结、留传下来的用人原则,它也适用于当今领导者与下级的沟通协调。领导者与下级的彼此理解和信任,最容易消除"心理防线",取得沟通协调的最佳效果。

(五) 宽以待人

领导者与下级沟通协调时,要宽以待人,要从关心、爱护和帮助下级的角度入手,不要过多指责下级的某些细枝末节,不要求全责备。俗话说"人敬我一尺,我敬人一丈",领导者的宽容大度必将调动下级的积极性,使上下级之间和睦相处,互相帮助。任贤用能,不计私怨。古今中外,凡成大事者,多是很有胸怀的人。当下级得罪和冒犯自己时,是否能够不为所动是检验领导者气量大小的一个标志。领导者若能如此大度,与下级的沟通之门必将敞开。

二、与下级沟通协调的方法

(一) 循循善诱,以理服人

公职人员与下级沟通协调时,不能"以势压人",要"以理服人",通过"摆事实、讲道理"让下属心服口服,从而按照领导者的意见行事。需要注意的是,劝导说理要对准要害,否则喋喋不休、磨破嘴皮,也是隔靴搔痒,不能解决问题。劝导说理要具体、实在,若能配合有典型意义并有借鉴价值的事例,效果会更好。

(二) 春风化雨,以情动人

公职人员在与下级的沟通协调中,不仅要以理服人,还要以情动人,情若不达,理则不通,感情相悖,即便金玉良言,也免不了会变成好雨浇在石头上。领导者在与下级沟通协调中应运用怀柔的方法,以情感人。做到情理交融、理达情通。同时,在工作生活上要多关心、帮助、支持和体谅下属,形成良好的上下级关系，有利于工作的顺利开展。

（三）双管齐下，褒贬激人

公职人员在与下级沟通协调中，还需善于使用表扬与批评的方法，及时对下级的言行做出评价，发挥正确的导向作用。赞扬是一种有效的推动力量，是领导者激励下级的最佳方式。当然，表扬要恰如其分，要及时，最好还能当众进行以激发广大员工更大的热情。同样，领导者也要讲究批评下属的方法。如何做到既可以解决问题，又不挫败下属的自尊心，这也是一门高超艺术。精明的领导者绝不把人摧垮，摧垮人非但不能起到积极的作用，反而会起消极作用。因此，领导须谨慎对待犯错误的下属，处理得当，双方满意融洽，促进工作；处理失当，则使沟通受挫，增加工作阻力。

（四）声声入耳，疏导励人

在任何组织中，均无法避免某些成员对该团体或负责人心生不满或有所抱怨。领导者如何解决此类问题呢？最有效的办法，莫过于让他们把心中的不平与不满发泄出来，待其强烈的情绪稳定以后，再进行说服教育。通过一定的途径和方式让下级表达自己的不满、发表批评意见、抒发自己的心声，这种方式有利于上下级的沟通，使组织少冒风险。领导能不能让下属倾诉衷肠，或者下属愿不愿意向你倾诉，是领导沟通水平高低的一个重要标志。

第三章
组织外部的沟通协调

公职人员除了在政府组织内部通过沟通协调形成管理合力以外，作为社会公共事务管理者与社会各个群体发生联系而进行的沟通协调行为，也构成了公职人员沟通协调的另外一个重要领域。

第一节 与社会公众的沟通协调

孔子认为："巧言令色，鲜矣仁"，主张"君子欲讷于言而敏于行"。这虽然与我们所指的沟通协调是两个层面上的事，但至少"多做少说"比"少做多说"要好。在现代社会组织中，有利于沟通的"多说"则是高效管理的重要一环，一个团队如果沟通不好，不仅无法做到协调一致，达不到预期的效益，还可能形成负效益。现代社会中仅有"多做少说"是不够的，只有进行充分的沟通协调，在沟通协调的基础上明确各自的任务

沟通协调

和职责，分工协作，才能使大家的力量形成合力。否则的话，大家只顾自己的事，各走各的路，永远也不会形成团队合力，既产生不了效益，还有可能形成负效益。同样，公职人员作为社会公共事务的管理者、服务者，必须注重与社会公众、行政相对人的沟通协调，以及突发性公共事件中的沟通协调，从而塑造政府与公职人员的良好形象。

一、塑造良好形象

品牌形象就像一个人，有性格，有特质。塑造一个富有生命力的形象，对任何一个组织来讲都不容易。日本大阪为了申办2008年奥运会，精心准备了10年，却在第一轮的投票中被淘汰。事后，大阪市市长矶村隆文说了一句意味深长的话："知名度低是这次失败的主要原因。"一语道出了知名度的重要性。城市需要花大力气来塑造自己的良好形象，政府及公职人员也要通过沟通协调营造良好氛围，塑造良好形象。

党的十九大报告提出要"转变政府职能，深化简政放权，创新监管方式，增强政府公信力和执行力，建设人民满意的服务型政府"。实现这些战略目标需要根据社会经济发展变化的新需求进一步创新行政管理方式，不断提高政府管理的科学化水平，加快建立法治型、服务型政府。新时期改革发展的新任务，对公职人员的能力素质提出了新的要求，并且需要解决好以下问题：如何减少公众对政府及公职人员的批评，如何尽力满足社会公众的需要，如何尽力提高公众的满意程度，如何以尽可能少的成本完成既定的行政目标，如何不断提高公共服务质量和行政效率。加强公职人员沟通协调能力对解决这些问题有着至关重要的作用。

(一) 政府形象的重要性

政府形象是一个综合性的概念，它是社会公众对政府价值标准、战略目标、是否廉洁、政策是否民主科学、高效与否、领导者素质、公职人员行为规范程度乃至政府建筑物等因素印象的总和。政府形象以政府自身的素质、行为和表现为基础，受公众价值取向、主观评判的影响，同时与政府自身形象的设定有直接关系，是政府的理念、行为及效果的集中综合表现。

政府形象是公众对政府客观存在的知觉、看法、情感与评价，它具体反映社会公众对政府的认同感和信任度。良好的政府形象是政府推行政策、实现既定目标时可利用的重要资源，是减少政策执行阻力、提高政策效力、降低政策运行成本的源泉。从另一角度分析，政府形象的好坏也直接关系到政权的稳固与否。然而，良好的政府形象不是天生的，政府需要通过有效的筹划来实现改善政府与公众关系、营造和谐的施政环境的功能。

2017年，"透明国际"对全世界176个国家和地区的公职人员及政治家的腐败程度进行了排名，清廉程度最高的为芬兰、丹麦等北欧国家。政务透明与公开是北欧国家政府的一个主要原则，旨在塑造廉洁、高效、负责的政府形象。芬兰、丹麦和冰岛公共部门的所有档案都对公众开放，接受市民和媒体的监督；公共机构对社会透明，公职人员岗位向每个人开放。在芬兰，年轻人大学毕业进入公职人员体系后，最重要的就是弄清

"腐败"的界限，即接受礼品或受请吃饭的上限是什么。丹麦非常重视社会诚信建设，认为公职人员搞权钱交易是可耻的，同时也有严格的处罚措施。如果公职人员敢受贿、搞权钱交易，会被开除公职。在芬兰，根据《部长责任法》，如果各部委官员有不合法行为，就会受到议员指控；如果宪法委员会最后认定其违法，则把该指控提交到特别高等法院。

（二）塑造政府形象的要点

现代政府塑造自身形象，应该关注以下几个方面：

第一，塑造能力形象，提高政府权威。政府的能力，即政府以最小的社会成本采取行政手段的能力，它包括政府及其官员的行政技术能力，还包括更深层次的机构性机制，这种机制能促使政治家和公职人员按照集体的利益行事。随着市场经济在我国的确立，政府逐渐把一部分权力让渡给社会，权力和权威的来源日益多元化。特别是加入世界贸易组织（WTO）以后，中国的行政体制将与世界接轨，因而未来政府的威望更多地体现在它的掌舵能力、提升国家的竞争力和管理能力上。一个有着先进理念的政府，应该能够巧妙借助市场的力量、社会的力量，通过施加自己的影响，让社会团体、社区、志愿者组织等共同努力，以弥补自己财务和服务能力的不足，这是扩大行政辐射力的关键所在。政府应当有意识地在公众面前塑造自己的能力形象，消除以往的不良印象，以营造良好的行政环境和氛围。

第二，塑造亲民形象，创造施政环境。孟子曾提出："民为贵，社稷次之，君为轻"，即在政治、社会生活中老百姓是最重要的因素。美国政治学家罗伯特·达尔的政治多元理论主张：政府决策应是政府同各种权利主体在共同协商讨论的基础上形成的，政府同民众的关系是一种双方控制的关系，这样民众就能有效地监督和控制政府了。我国宪法规定，一切权力属于人民。随着行政改革的深入，这一宪法精神应该体现在政府的治理理念中，也就是政府要从高位上走下来，真正从官本位向民本位转变，扮演好一个"服务者"的角色。一个具有亲民形象的政府，一个始终把实现好、维护好、发展好最广大人民根本利益作为一切工作出发点和落脚点的政府，才能拉近与公众之间的距离，赢得公众的感情，使自己的政令畅通，减少摩擦，提高效率，更好地尽职履责。

第三，塑造高效形象，增强凝聚力。政策的绩效，即政府利用上述能力满足社会物质、精神需求的结果，它表现为政府的精明强干是否发挥到了应有的水平。由于政府的有效性直接关系到公众利益的实现与否，所以它能更直接地影响公众对政府的印象与评价，直接作用于政府效能形象，成为政府形象塑造的又一关键因素，这是政府行为结果在公众心理层面的作用过程。此外，一个具有务实、高效形象的政府，又能使内部的公职人员产生强烈的自豪感、认同感，从而激发他们的创造性，进而提高政府的效率。

二、沟通协调的基本要求

为了追求"人和"的氛围，政府及公职人员首先要做到全面塑造政府的良好形象，一方面是力求自身全方位变革，另一

沟通协调

方面是做好与公众的沟通协调工作,与社会公众形成良好的互动。这将对我国公共权力的运行与公民的参与起到积极的作用。

(一)建立政府信息公开机制,加强政府与公民的沟通

公民的知情权对应于政府的公共管理责任,因此,政府应及时、畅通地向政策涉及的利益关系人和风险承担者提供有关政府决策、行为、预算、统计资料、财务等信息,并在发生公共危机时,将相关的宏观信息和微观信息向公众公开。欧美发达国家都建立了相应的政府信息公开机制,接受民众的监督。比如,英国议会2005年批准通过《信息自由法》,按照该法规定,公众有权通过书面形式向相关机构提出要求,可以获取包括中央和地方各级政府部门、警察系统、国家医疗保健系统和教育机构在内的英国公立机构的相关信息。一般情况下,被咨询机构必须在20个工作日内予以答复。因此,以公民为本位进行政府诚信的构建,首先需要建立政府信息公开机制,使政府成为透明的信息中心。这样做的过程和结果无疑使公民更加充分地了解政府的运作和功能,从而在政府与公民之间形成良性的沟通,在这个基础上,公民与政府之间的互信必然得到加强,增强政府的公信力。为此,我们需要进行政府信息公开建设,将政府的行为、程序纳入制度化轨道。

(二)建立强有力的政府权责机制,加强政府对社会需求的回应性

政府及其公职人员要树立权力的公共性观念,做到权力与责任相对应。政府应依法行使公共权力,做到不缺位、不越权,全面、恰当地履行与公共权力相对应的职责,不能有权无责,

也不能有责无权。政府是社会需求的制度化满足机制，因此，应当通过强有力的权责对应机制，对不同时期、不同社会主体的需求做到及时、恰当的反应，采取果断准确的措施。因此，需要建立权责对应、灵敏高效的信息收集—反馈机制，对社会公众通过媒体、信访以及群体行为等反映的问题、需求和建议等信息及时进行了解、分析和处理。强有力的政府权责机制还包括加强基层政府与社会在公共危机、公共服务和公共事务管理方面的自主权和与之相适应的责任，以便把握控制和解决当地公共问题的最佳时机。

（三）建立政府、企业与民间组织的合作机制，将公民和社会组织纳入政府决策体系，既强化决策的民主性与科学性，又推动社会参与和监督的制度化

在全球化的信息时代，单纯依靠政府是难以满足社会公众的多样化需要的，社会公共事务的治理需要政治、市场和社会领域的各种主体相互间的合作。政府、公民及民间组织、企业在公共事务上的合作将改变现有的社会利益表达机制，尽可能地把利益不同的各方力量纳入决策过程，提高政府决策的民主和科学程度，保证公共决策的质量。同时，这也能够形成一个上下互动的公共事务管理模式，使政府切实承担起管理公共事务、提供公共物品和公共服务的功能，从而彻底实现政府职能转变。另外，政府、企业与民间组织之间制度化的协商与合作不仅能够激发公民参与的积极性和主动性，而且还能够通过民间组织来有效地整合社会力量，在公共危机的处理和公共事务的管理中增强公民—政府的互信，增加公民对公共政策的理解，

从而维持较高的政府诚信度。

我国逐步发展完善的价格听证制度就是这方面的典型。1993年，深圳在全国率先实行价格审价制度，政府在制定或调整与百姓生活密切相关的商品和服务价格时要征求消费者、经营者和有关专家的意见，这就是价格听证制度的雏形。1998年5月1日施行的《中华人民共和国价格法》首次将价格听证制度法制化。2001年8月1日施行的《政府价格决策听证暂行办法》，为价格听证提供了操作依据。2001年11月23日，原国家发展计划委员会又公布了《国家计委价格听证目录》，包括居民用电、铁路旅客票价、民航旅客票价、电信资费这四大类商品和服务制定和调整价格时将由原国家发展计划委员会主持价格听证。价格听证会在政府制定价格的过程中发挥了重要的作用，听证会代表的意见在政府最终的价格决策中被充分采纳，例如：青岛市曾经举行自来水调价听证会，由于听证会代表不同意调价方案，最终结果是维持原来的水价标准，没有涨价；另外，青岛市在全国率先就出租车调价听证会进行了现场直播，使价格听证会的程序更加透明，从而提高了政府定价的民主性和科学性。

（四）提高政府公信力，建设诚信政府

努力提高政府公信力、建设诚信政府，是摆在我们面前的紧迫任务。当前，应该把提高政府公信力作为提高政府行政能力的重要内容，并且将其作为政府管理创新的紧迫任务，认真研究、采取有力措施并加以完成。

第一，各级政府及领导干部应牢固树立执政为民的思想。

以人为本、执政为民，情为民所系、权为民所用、利为民所谋，是建设信用政府的思想基础。政府的一切工作，都要以维护好、实现好、发展好人民群众的根本利益为出发点和落脚点。领导干部要脚踏实地、有诺必践、讲究信用，靠自己求真务实的作风在群众面前树立良好的诚信形象。要在政府部门和公职人员中树立诚信观念和责任观念，加强公职人员职业道德建设，使其恪尽职守。同时，还要完善政绩考核办法，建立健全政府绩效评估体系和经济社会发展综合评价体系，坚决反对搞劳民伤财的"形象工程"和"政绩工程"。

第二，政府要全面履行职能，特别要加强社会管理和公共服务。政府要努力提供充足优质的公共产品与公共服务，不断满足人民群众日益增长的物质需要与公共服务需求。要在加强经济调节、市场监管的同时注重公共设施建设，健全公共服务系统，不断加大对社会公共领域的财政投入；要加快建立和完善社会保险体系、城乡居民最低生活保障制度、被征地农民基本生活保障制度、以大病统筹为主的新型农村合作医疗制度、公共卫生体系建设；要加强社会管理，构建社会主义和谐社会，各级政府都应该正确处理改革、发展、稳定的关系，把发展的速度、改革的力度、群众可承受的程度统一起来，认真解决涉及群众利益的重大经济和社会问题及突出矛盾；要通过制定社会政策和法规，依法管理和规范社会组织、社会事务，协调各种利益关系，维护社会秩序和社会稳定；要积极扩大就业，努力完善社会保障体系，逐步理顺分配关系，加快社会事业发展，切实维护群众利益，促进社会公平和正义；特别要加快建立健全各种突发事件的应急机制,提高保障公共安全和处置突发事件的能力。各级领导干部要深入基层,将社会矛盾与纠纷解决在基层,切实解决困难群众生产生活难、就业难、上学难、看病难、行路难、办事难等问题。

第三,各级政府及部门要坚持依法行政。各级政府及部门必须带头维护宪法和法律的权威,严格依照宪法和法律规定的权限和程序行使权力、履行职责。要围绕建设法治政府的目标,全面实施依法行政纲要,继续加强行政立法,努力健全行政责任体系,强化政府法律责任机制。要按照《中华人民共和国行政许可法》的规定,进一步清理、取消妨碍市场开放和公平竞争以及难以发挥有效作用的审批事项,继续推进审批方式改革,减少审批环节,提高审批效率。优化审批服务流程,从"严进宽管"转向"宽进严管",进而确保审批更简、监管更强。要切实加强和改进行政执法,做到严格执法、公正执法和文明执法,加大行政综合执法改革力度,加快推进相对集中行政处罚权的改革工作,切实解决层次过多、职能交叉、人员冗余和多重多头执法的问题。要强化行政监察,及时处理和纠正行政不作为、滥用职权、执法不公、以权谋私等行为。要坚持依法治国与以德治国的统一,加强信用法规建设,加大失信惩罚力度,在全社会形成诚信为本、操守为重的良好品质。

第四,推进行政决策的科学化、民主化。要改革和完善行政决策机制,努力提高决策的科学化、民主化水平。要规范决策程序,健全决策制度,优化决策环境,强化决策责任,完善政策措施,确保政策制定的适用性和可操作性。各级政府及其部门制定涉及全局性、长远性和公众性利益的重大行政事项时，都必须依据法律、法规和国家政策的要求和规定的权限、程序进行决策；在制度规定、流程设计等中间环节，要多方调研、督导；要拓宽人民群众参与决策的渠道，调动各方面的积极性，全面推广重大决策事项公示和听证制度，制定重要经济社会决策事项公示办法，对事关全局的经济社会发展和与群众利益密切相关的重大决策事项，必须广泛征求社会各界意见；要强化行政决策责任制，因违反决策程序和决策失误给国家和群众利益造成重大损失时，必须追究部门主要领导和当事人的责任；同时，要全面推进政务公开，保障公民的知情权，增加政府工作的透明度，建立政府与公众对政府有关信息的互动回应机制，提高政府的反应能力和社会回应能力。

第五，加强政风建设。要按照科学发展观和正确政绩观的要求，大力加强政风建设，加强对公职人员的行政监督。要推行公共服务承诺制，建立政府信用评价机制，实施连续性的政府信用民意调查，将诚信记录作为公职人员考核、任免的依据。各级政府和领导干部应该改进会风、文风，大兴调查研究之风，用更多的精力和时间深入实际、深入基层、深入群众，及时发现新情况、解决新问题。要加大行政监察、审计监督和行风建设力度，加强对行风建设信访举报的调查和督办力度，做到有诉必应、有举必查、查必有果、纠必到位。要大力推进勤政廉政建设，加强反腐倡廉工作，旗帜鲜明地反对、惩治和预防腐败，努力建设一支信念坚定、为民服务、勤政务实、敢于担当、清正廉洁的公职人员队伍。

三、沟通协调的方法

子曰:"工欲善其事,必先利其器。居是邦也,事其大夫之贤者,友其士之仁者。"沟通协调的实际效果在很大程度上取决于所用的方法。

公职人员与社会公众的沟通协调可以采取以下方法:

(一)召开新闻发布会(记者招待会)

新闻发布会是政府为公布有关重大事件信息及采取的相应对策而举办的一种会议形式,是政府与公众传递与沟通信息的重要手段之一。新闻发布会又称记者招待会,是社会组织直接向新闻界发布有关信息,解释重大事件而举办的活动。新闻发布会具有以下几项优点:

第一,正规隆重。形式正规,档次较高,地点精心安排,邀请记者、新闻界(媒体)负责人、行业部门主管、各协作单位代表及政府官员。

第二,沟通活跃。双向互动,先发布新闻,后请记者提问并回答记者问题。

第三,方式优越。新闻传播面广(报刊、电视、广播、网站),集中发布(时间集中、人员集中、媒体集中),相关报道可以迅速扩散并让公众及时知晓。

在召开新闻发布会过程中,应着重做好以下几个方面的工作:

第一,在确定好新闻发布会具体日期和地点之后,要谨慎选择代表政府的新闻发言人和会议主持人,让其熟悉会议流程安排。发言人要有权威性，要对说明的事件或政策具有发言权，最好是该领域的高层负责人或专业权威人士。

第二，会议主持人要思维敏捷，具有良好的会议把控能力和应变能力，具有相应的工作经验和专业知识。

第三，要确定好参会人员范围，尤其是新闻媒体的范围。根据主题要求，一般要选取具有权威性的媒体机构，可以考虑当地、外地和国外记者，纸质媒体和电子媒体都要兼顾。

(二) 对话

对话是指社会协商对话，是政府与民众沟通的重要方式。为了加强公共服务型政府建设，我国许多地方政府采用开通政府公开电话的方式来加强与群众的对话，取得了良好的沟通效果。民众只需拨打相应的电话号码，就可以直接向政府进行咨询、反映问题、提出诉求或建议。政府通过直接和民众通话有效拓宽了政府与市民联系的渠道，更加有效地为广大人民群众服务，同时也有利于发挥群众的监督作用。为了确保公开电话能够取得实效，政府会建立相应的工作运行机制，并将公开电话工作纳入了年度目标考核，定期公布办理情况，督促各有关单位认真地为民办实事、办好事，从而使公开电话工作落到了实处。

在办理政府公开电话事项过程中，应着重做好以下几个方面的工作：

第一，公开电话主要的作用是急群众所急、解群众所难，因此，对于公开电话提出的问题，工作人员都应尽量当场给予及时的解答。

第二，对于咨询政策的电话，工作人员按照有关规定，及

沟通协调

时地将党和政府的政策用群众听得懂的语言进行宣传并解释给群众；对于询问办事途径和有关程序的电话，工作人员要耐心认真地给予指点，节省群众办事时间，提高办事效率；对于因不了解政策实情或存在理解偏差、错误的群众来电，工作人员要耐心细致地做好说服工作，使群众了解政策内容，动之以情、晓之以理，解释明白事情不能解决的原因，消除群众的抵触情绪，化解群众矛盾；对于遇到急事、难事群众的求助电话，工作人员要把群众利益放在首位，充分发挥政府公开电话的协调、督办作用，及时帮助联系有关部门，尽量第一时间解决问题；对于反映问题、提出建议的来电，工作人员应虚心接受，实事求是进行记录，并将相关问题及时反馈给对应的职能部门。

第三，对于一些较为严重的问题应按规定进行查处惩治。总之，在对话的过程中要牢牢树立为人民服务的观点，拉近与群众的距离，使群众感受到公职人员是站在群众的立场上来思考问题和解决问题的。

（三）接待公众

接待公众是指收集关于政府活动或政策及其他公共利益等问题的意见、批评或建议，是密切联系群众的方法之一。政府可采用设立市民接待日、召开座谈会等灵活多样的公众接待形式，实现公职人员与社会公众的有效沟通协调。

首先，要营造良好的沟通氛围，要虚心倾听民众的需求，让大家没有顾虑，畅所欲言；要平视交谈对象，切忌给人一种盛气凌人的感觉；交谈过程要保持微笑，增强亲和力，这有助于树立公职人员良好的形象。

其次，对于大家提出的问题要一一进行回复，不说官话、套话，要做到件件有着落、事事有反馈；能够及时解决的问题不要拖延，不能及时解决的问题要详细记录下来并在一定限期内解决，不要为了暂时平息争论和矛盾而随意承诺，长此以往就会造成政府威信力的降低，甚至造成民众对政府的不信任。

高效的公众接待，一方面，有利于加强公职人员和群众之间的了解，及时了解群众所思所想，把握其思想动态，从而做到有效体察民情、解决民忧，进而提升政府公共服务质量；另一方面，可以让群众更深入地了解政府工作和相关政策，解除不必要的误解，增加双方的信任感。

我们来看一个例子。某市政府建立了以市领导为主体的每周一天的信访接待日，上访群众可以集中到办公室来反映情况。为了接待好信访群体、解决好群众关切的问题，接待领导需要具备较高的沟通协调能力。有一次，一位老者来反映情况，市领导连忙上前牵住老者的手让他慢慢坐下并亲切地说："老人家，辛苦您跑一趟呀，有什么事情您慢慢讲。"老者说他所在的乡镇领导以各种理由向农户要回原本已经发放的生活补助。市领导了解具体情况后，亲自打电话要求相关部门立即查明事情缘由，随后告知老者会妥善处理此事，一定给他一个答复。之后，市领导又嘱咐在场的信访办主任送老者回家，最后老者带着笑脸离开了信访办。

（四）实地调研

没有调查就没有发言权。调查研究是公职人员坚持实事求是、深入群众、形成正确工作方法、推进科学决策的重要方式。

沟通协调

推进国家治理体系和治理能力现代化，要求进一步创新行政管理方式，加快建立法治政府、服务型政府。这一要求对加强政府公共政策和服务项目出台的透明性、运行的可行性和适切性、执行的便捷性提出了更高的要求。开展实地调研是做好这些工作的基础。

第一，要运用现代科技，推动调查研究的现代化发展。现代社会的发展，使调查研究的功能增强与扩大，调查研究的内容、方式和方法也开始发生转变。这就要求公职人员必须掌握现代的思维方法和技术手段，只有这样，才能真正有效地发挥调查研究的作用。

第二，要开展实地调研。首先，要求公职人员充分认识到调研的重要性，不能走形式，要放下身段，深入一线进行走访。其次，要真心实意地和群众进行深入交流，在和群众直接交往的过程中把基层一线的真实情况了解清楚，总结成功的经验和做法，对存在的重点问题进行深入分析研判，进而对未来趋势做出预测和分析，为制定良好的政策提供实践基础。最后，要克服自身身份可能带来的不利影响。一些调查对象会顾及公职人员的身份而不愿意说真话、讲实情，往往报喜不报忧，使调研得到的信息发生偏差。因此，公职人员要深入基层，多走访、多询问，从多层次、多方位、多渠道来全面了解实际情况，要向群众虚心学习和请教，进而摸清楚情况，为后续决策提供真实可信的依据。

（五）民意测验

民意测验是了解公众舆论趋向的一种社会调查。就其内容而言，属舆论调查；就其方法而言，属抽样调查。民意测验研究的是公众普遍关心的政治或社会、经济问题。通过抽样调查的方式征询调查对象的意见、观点或想法，并以此进行分析和推论，然后向公众公布调查结果，以期说明和解释问题的趋势或倾向，引起社会公众或被调查者的关注和重视，借此造成舆论并形成影响。民意测验始于20世纪初的美国，被用于为美国大选等重大事件提供民意参考，能够较准确地反映客观情况。自20世纪80年代以来，我国对社会、经济等方面公众关心的问题，如物价问题、党风问题、宣传舆论工具的作用、思想政治工作等进行过民意测验，并取得了一定的成效。

民意测验的主要特征表现为所提的问题少、内容集中、速度快，能直接获取大众化的民意反映。现代通信工具和大众传播工具的发展，广播、电视、电话、报纸、杂志的普及，以及电子计算机的广泛应用，为民意测验的开展提供了便利条件。民意测验调查机构通常采取中立的立场，这使受访者弃置疑义、乐于合作，并使社会公众增进了对民意测验结果的信任程度。民意调查结果往往起到引导社会舆论的作用，同时也成了公众了解社会的最好窗口。对于政策制定者而言，民意测验结果可提供很有价值的信息。所以，民意测验已成为一种受各国政府重视、受大众欢迎的社会调查方式。由于民意测验调查的问题有限，而问题的答案又只简化为"是""否"两类，加之被调查人文化水平和对问题的关心程度各不相同，因此其揭示问题的深度是有限的。对于这些问题，调查前都要充分考虑。

沟通协调

第二节 与行政相对人的沟通协调

行政相对人是行政法学中的一个基本概念,指的是在行政法律关系中与行政主体相对应,处于被管理和被支配地位的机关、组织或个人,是行政法律关系的主体之一。国家公职人员是依法行使国家行政职权、执行国家公务的人员。行政主体的行政管理活动正是通过各个公职人员的公务行为得以实现的。

在行政管理工作中,公职人员要协调好和行政相对人的关系,这就要求公职人员要有较强的和行政相对人沟通的能力。在实际工作中,经常遇到因沟通双方语言不通而引起的误会,或者因文化背景不同而导致对同一问题产生分歧,严重时还会出现互相猜疑、各执己见、争吵斗殴的情况。因此,没有良好的交流沟通,就不可能达成共识;没有共识,就难以发挥团队或组织的整体绩效。对于公职人员来说,应充分领会沟通的魅力和重要性,不仅要与大众进行行之有效的沟通协调,也要与行政行为的客体即行政相对人实施有效的沟通协调。

一、赢得对方理解与支持

公职人员要有较强的和行政相对人沟通的能力。只有这样,公职人员执行公务的行为才能赢得理解与支持。行政相对人对公职人员工作的理解与支持,将在很大程度上决定公职人员能否顺利推行公务,实现政府管理的目标。如果行政相对人有强烈的抵触情绪,就会极大地制约公职人员的行为。

以当前城镇建设中的房屋拆迁工作为例,拆迁工作政策性强、影响面大,做好这项工作,不仅关系到经济和社会的发展,也关系到社会稳定的大局。但是,在房屋拆迁过程中,却经常出现管理部门与房主的矛盾冲突,甚至激化到相当严重的程度。要避免矛盾激化,需要在沟通协调过程中注意以下几个问题:

一是维护被拆迁人的正当权益。政府应当依照相关法律规定就具体拆迁事宜和房主进行充分全面的沟通,对房主的正当权益进行维护,不能刻意隐瞒,要做到信息公开、透明。

二是沟通过程要公开、平等地进行谈判。在沟通过程中,要就为什么要拆迁、什么时候拆迁、补偿标准是多少、拆迁后安置到什么地方等问题逐一进行详细说明,对于有异议的问题要积极进行沟通协商,在合法情况下进行合理解决,同时避免不合理的讨价环节,坚持原则性和灵活性。在实际操作过程中,公职人员要避免为了追求效率而违法违规办事、激化矛盾。总之,问题的解决离不开公职人员与行政相对人的积极沟通协调,以此来实现各方的相互理解,为公职人员的公务行为赢得社会广泛支持。

二、沟通协调的基本要求

(一)学会倾听

公职人员进行沟通协调,首先要学会的是倾听。据研究表明,一般情况下,人在倾听时的效率大约仅有25%。这说明在

沟通协调

75%的交流时间里,倾听者没能明白对方要表达的意思。由此可见,倾听并不是一件容易的事,大多数人做不到认真倾听别人说话。研究表明,倾听效率低最大的原因是倾听者没有或很少受到训练,倾听时容易受到干扰。倾听训练是我们必须注意的问题。主动倾听是公职人员最基本的沟通技能。大多数人在沟通中往往急于表达自己的观点,并且反复强调,试图以此对别人施加影响,达到某种沟通目的。但事实上,有效的沟通不仅仅是说,也包括听。学会倾听,是要先明白对方的意图,之后才会明白自己要表达的内容是否有利于与对方建立良好的合作关系。

根据沟通学的理论,信息的传送和接收是一个连续的过程。在此过程中,倾听者和表达者彼此是有联系的,这种联系是通过某种内在关系维系的。倾听可以是一般听的状态,指耳朵接收声音的生理行为,它是被动的,即使睡觉时也能发生。倾听也可理解为包括表达者和倾听者在内的一个动态的、相互影响的过程。相互影响的倾听是包括倾听者的注意、察觉、评价和反应的一系列互相联系的生理和心理反应过程。根据人们对倾听对象的分析,倾听可以分为接收式倾听、评议式倾听和深入式倾听三类。

言语的有效性并不仅仅取决于如何表述,而更多的是取决于人们如何倾听。倾听时,注意力集中尤为重要,但这也是最困难的。只有集中注意力才能听清楚对方说的话,才能注意到对方说话时的音调、音量、表情以及体态动作,才能了解清楚对方的主要观点和意思,才能理解对方的言外之意和潜台词。

倾听时，不要过早插话，不要急于表达自己的意见。无论对方语言措辞如何激烈，都要虚心、冷静地倾听，切忌和对方发生争论和正面冲突，对方提出的问题和质疑，要深思熟虑之后再进行回应。

(二) 学会反馈

表达者之所以需要反馈，是为了核实对方对自己表达信息的理解程度和态度。倾听者真诚的反馈是表达者调整沟通行为的重要依据。另外，反馈也是倾听者的一种自我表现，同样是一种沟通的需要和满足。可以说，反馈本身是一种重要的沟通技能。反馈的作用有两重性，一方面是倾听者对所理解的确认或检验，另一方面也是帮助对方准确地传递信息。因此，反馈不是一种被动的反应，而是一种对沟通过程的主动参与。

反馈类型一般可分为正反馈、负反馈、直接反馈和间接反馈四类。但这些分类只是根据沟通的一般意义来划分的。那么，如何有效提高反馈质量呢？在反馈时，要尽量避免与具体情景无关的、打断别人谈话和思路的、不着边际的反馈，否则会扰乱沟通的气氛，不能促进有效沟通的进行。反馈常常是自发性的反应，人们往往在无意中就表达了某种思想或情绪。然而，如果对此加以注意，是可以在实践中提高反馈质量的。

第一，锻炼自己换位思考能力。在人际交往中，应该注意别人的言谈举止，分析其心理活动，把握人的动机，揣摩人的沟通目的。当与人产生矛盾时，或周围人之间产生摩擦冲突时，要多问几个为什么，有意识地将自己放入对方的角色中去思考问题，这样才能更多地理解别人，理解别人是有效反馈的基础。

第二，注重反馈技巧的培养。反馈是一种自发性的反应，但其中有很多技巧问题。这些技巧的取得，一靠对沟通学、心理学、行为学的钻研，二靠生活积累。例如，在与人谈话时，倾听者有时并不需要说得太多。有时候理解性的反馈也不应该总是连续发出"嗯嗯"的声音，也应该有所变换，如加之以笑声或重复性地评论。当听到需要给予回答或需要澄清的问题时，应马上做出反应。另外，反馈要准确，回答时措辞要温和，要少带个人色彩，这些都是反馈的技巧。

第三，增强自信心。有时在别人提出问题后，很容易因怕回答错了而失去回答的机会。这种犹豫和迟疑往往不是由于技巧或知识问题，而是由于自信心不强。在人际沟通中也会出现同样的情况，一旦我们没有给予对方及时而准确的反馈，在某种场合下便会产生误解。在有效提高反馈质量的基本途径中，真诚和自信是必不可少的。

反馈是沟通重要的组成部分。通过对倾听、反馈行为的分析，我们会意识到对倾听者、表达者了解的重要性，从而提高沟通质量。

(三) 掌握沟通技巧

沟通一般包括三个方面：(1) 沟通的内容，即文字；(2) 沟通的语调和语速，即声音；(3) 沟通中的行为姿态，即肢体语言。同样的文字，在不同的声音和行为下表现出的效果是截然不同的，所以有效的沟通应该能更好地融合这三者。从心理学角度来说，沟通中包括意识和潜意识层面，其中潜意识占绝大多数。这就要求有效的沟通是在潜意识层面的、具有感情的、真诚的沟通。

　　沟通是一个信息交流过程，有效的人际沟通可以达到准确传递信息、与他人建立良好的人际关系、借助外界的力量和信息解决问题的目的。但是，由于沟通主客体和外部环境等因素，沟通过程中会出现各种各样的障碍，如倾听障碍、情绪噪声、信息超载等。因此，为了达到沟通的目的，公职人员首先要认识到沟通中可能存在的障碍，然后采取适当的措施避免障碍，从而实现建设性的沟通。

　　所谓建设性沟通，是指在不损害或改变人际关系的前提下进行的确切的、诚实的沟通。它具有三个特征：一是实现信息的准确传递；二是人际关系不受损害；三是不是为了他人喜欢，而是为了解决问题。大量的理论和实践研究表明，建设性沟通是可以获得的，但是必须掌握建设性沟通的技能，必须遵守一些沟通原则，如信息组织原则、正确定位原则、尊重他人原则、倾听技巧、传递正确的非言语信息等。但是，最关键之处在于沟通双方在沟通中是否能够换位思考，即是否能站在他人角度考虑问题。

　　任何沟通都是有目的的，沟通双方都希望通过沟通满足自己某方面的需要。如果沟通双方在沟通中能够清楚地了解对方的沟通目标，在沟通中站在对方的角度，在不损害自身利益的前提下提供对方想要得到的东西，那么沟通就会实现双赢。

　　沟通方法与技巧的掌握对于沟通效果意义重大。沟通时首先要肯定对方的内容，不说敷衍的话，如通过重复对方沟通中的关键词，甚至把对方的关键词语经过自己语言的修饰后回馈给对方。这会让对方觉得他的沟通得到了认可与肯定。在此基础上，可以提出自己的观点。同样的事情、同样的地点，不同的人却有截然不同的结果。沟通协调的方法得当，问题就会迎刃而解；方法不当，只会使问题复杂化。交谈是一种近距离的沟通方式，如果沟通双方能在相互尊重的前提下多沟通、多体谅，共同寻求解决问题的方法，其结果必定是"双赢"的。

第三节 突发性公共事件中的沟通协调

沟通协调对于人与人之间、组织与组织之间的良好互动至关重要。日常尚且如此，社会发生重大危机时政府公职人员与社会的沟通协调更是如此。沟通协调不及时、不畅通，后果不堪设想。遇到同样的危机事件，公职人员不同的危机管理能力会产生截然不同的结果。这就要求公职人员必须具有强烈的时间观念、良好的危机管理能力和沟通协调艺术。

一、及时高效求稳定

突发性公共事件是指突然发生，造成或者可能造成严重社会危害，需要采取应急处置措施的自然灾害、事故灾难、公共卫生事件和危及公共安全的紧急事件。

根据突发公共事件的发生过程、性质和机理，突发公共事件主要分为以下四类：（1）自然灾害，主要包括水旱灾害、气象灾害、地震灾害、地质灾害、海洋灾害、生物灾害和森林草原火灾等；（2）事故灾难，主要包括工矿商贸等企业的各类安全事故、交通运输事故、公共设施和设备事故、环境污染和生态破坏事件等；（3）公共卫生事件，主要包括传染病疫情、群体性不明原因疾病、食品安全和职业危害、动物疫情以及其他严重影响公众健康和生命安全的事件；（4）社会安全事件，主要包括恐怖袭击事件、经济安全事件和涉外突发事件等。

这些突发事件的影响是社会性的，具有以下四个特点：

一是突发性。这就要求政府部门在事件发生时能够立刻做出有效的应急反应，时间的紧迫性较强。

二是不确定性。事件发生的时间、地点、方式、种类、爆发程度与结果常常超出人们的预料，一般无法有效地预测，其发生和发展往往具有很大的不确定性。

三是复杂性。突发事件涉及自然、社会等诸多方面，且具有多种类型和多发形式，预防和应对的程序、手段和措施十分复杂。

四是后果严重性。突发事件一旦发生，不仅会造成巨大财产损失，还可能危害人身安全，严重时甚至会动摇社会的稳定。因此，在这些突发事件的处理中，在沟通协调的基础上，及时果断地拿出应对方案就显得极为重要。

我们来看一个案例。某年春运期间，X 省会城市火车站广场滞留旅客最高峰时达 20 多万人。短时期内大量人员的滞留，很容易引发心理问题，严重时则会发生群体性攻击行为。面对可能出现的问题，当地立即启动危机管理的预防措施，在第一时间采取了行动。首先，当地领导干部第一时间到达现场，安抚滞留人员的情绪，及时了解他们的需求。其次，满足滞留旅客的基本生活需要，如食物、热水、移动洗手间、休息室、医务室等其他基本设施，尤其关注旅客中的特殊群体，如小孩、老人、妇女等，给予他们特殊帮助和优先扶助。再次，增加执勤工作人员和社会工作者，在滞留期间进行安抚，让旅客感到温暖就在身边，并随时和定时广播最新的车讯和天气情况。最后，对旅客进行有序的疏散，比如对于通过沟通愿意留下来过年的旅客给予扶助，对于广场旅客分块分批管理，专人专管，及时了解旅客所需，避免发生矛盾和冲突。通过以上积极的措施，及时进行了沟通疏导，使问题得到了解决。

二、沟通协调的基本要求

完善突发事件应急的沟通协调机制建设，提高应对和处置突发事件的综合能力，是维护社会稳定、促进经济社会发展的重要保证。公职人员在应急管理过程中处于中心环节，承担着在第一时间控制事态、减少损失的重任。因此，在应急处置中，沟通协调是关键环节，要综合运用现代应急管理理念，不断提升自身在应急处置中的沟通与协调能力，从而保证指令的上通下达、高效畅通，使应急管理体制有效运行。

（一）建立政府与公众之间的对话沟通机制

突发事件具有突发性、不确定性、复杂性、后果严重性等特点。在发生突发事件时，往往因信息沟通不畅而导致以讹传讹，引起恐慌和焦虑。因此，政府应该建立良好的信息交流沟通机制，通过正规的信息交流渠道及时向公众公布真实可信的消息，作出权威的解释，同时注重各种信息的反馈和舆情分析，最大限度地减少小道消息和流言等误传产生的负面影响。从发达国家的经验做法来看，建立新闻发言人制度是处理突发事件非常重要的手段之一，这不仅保障了公众的知情权，同时也有利于政府调节社会公共关系，获得公众对政府的信任。一方面，政府通过新闻发言人可以掌握对外报道的主动权，对社会舆论起到引导与调节作用，可以有效避免不实报道带来的消极影响；另一方面，政府通过这一方式及时公布事实真相，在减轻公众的疑虑和焦虑的同时，也有利于建立公众对政府的信任，进而有利于突发事件的解决和善后工作的开展。此外，信息发布要主动、快速和及时，尽可能全面、真实、客观地提供情况。

(二) 建立政府与媒体之间良好的沟通机制

在突发事件的处理过程中，与媒体的良好沟通是一个重要的环节。能否成功有效地与媒体沟通、把握舆论导向，已经成为决定突发事件处理效果的关键因素之一。突发事件发生后，由于外界对事件情况掌握得不多，会产生对于信息掌握的迫切需求。这时政府应该及时主动地和媒体进行引导式沟通并提供相关信息。提供的信息越透明、全面、客观和翔实，越能在第一时间掌控信息和舆论导向，避免谣言满天飞。同时，与媒体沟通要注意措辞，要反复斟酌，避免因为语言上的失误和错误而引起不必要的误会。打破"防记者"的惯性思维，充分利用新媒体来搭建新的信息传递平台，建立和媒体正常、良好的沟通机制，保障人们的知情权。当媒体采访时，应提供正式、权威的相关信息和材料，让他们了解事情真相。对于确需保密的

沟通协调

事情,应明确而又委婉地说明不便公开发表的原因,而不是采取强硬、不合作的态度。对于外界产生的误会,要借助与媒体的积极沟通来消除误会,使社会舆论回到正轨。此外,面对媒体的提问,公职人员要坦诚、灵活地应对,面对质问或责难时,要学会冷静,控制自己的言行,谨慎行事,不要激动。总之,与媒体积极沟通、建立良性的互动,有助于政府更好地化解危机。

(三)加强部门、上下级之间的沟通协调

突发事件的处理往往涉及多个部门和不同的层级,因此需要保证信息的准确性、真实性,同时也需要通过准确的语言来进行关键信息的沟通和交流。这时要把公众利益放在首位,勇于担当,明确各自的管理责任,避免部门之间各自为政、互相推诿。要加强部门之间的沟通、上下级之间的沟通,形成合作意识,快速进行资源整合和开展应对措施,从而保证能够集中力量应对突发事件中可能会出现的各种状况。要加强政府及其公职人员在突发事件处理中的应对能力,在与上级部门、兄弟部门联系时避免信息沟通不畅、信息偏差、信息瞒报或人为信息加工,不断提升在突发事件中的分析和判断能力,为做出正确合理的决策提供基础。此外,政府各部门向外界提供信息时要注意保持口径一致,避免各说各话造成质疑和猜测。

三、沟通协调的方法

(一)诚实、坦率的信息发布和沟通

一些政府的公职人员在处理突发事件时往往会进入一个误

区，认为公众了解的信息越多、越准确，越会产生恐慌。而事实却恰恰相反，一些突发事件处理不当正是由于政府没有及时公开信息，使得小道消息、流言、谣言满天飞，加剧了恐慌；或者对外公布不真实的信息，导致公众对政府失去信任，使得突发事件的处理变得更为困难。因此，政府一定要树立危机处理的沟通意识。突发事件发生后，政府要及时主动地公开事件的相关信息，公职人员在与社会沟通时要诚实和坦率，提供真实有效的消息，这样才能获得公众的信任并缓解恐慌。同时，突发事件发生后，要主动与上级或相关部门保持密切联系，实事求是地汇报情况，不要因为害怕担责而故意隐瞒事实、虚报信息，这样才能最大限度地获得准确的指导，并得到其他部门的协作和帮助，从而将事件带来的负面影响控制在合理范围，并及时采取应对措施。

（二）积极作为，主动关注和安抚公众

突发事件的发生通常会给公众的生活、工作带来不利的影响，同时也会使这些群体在一定程度上产生担忧甚至恐慌。因此，政府部门在应急管理中要把公众利益放在首位，要积极作为，主动与当事人进行沟通和安抚。在沟通过程中，要说明事件发生的原因、目前事件处理的进展情况和应对措施，对于不清楚的情况要谨言慎行，避免引起不必要的猜测和过度解读；对于突发事件的处理要表明政府的立场，对于管理部门的失误要坦诚。在沟通过程中，不要使用生硬刻板的官话、套话，要真诚、富有同理心；对于已经产生的伤害或不利影响，要诚恳地致歉并进行安慰，要用能够起到安抚作用、容易获得信任感的话语来进行表述；同时，要通过公开的沟通渠道让公众了解后续的善后、赔偿方案等信息。

（三）正确引导舆论，树立正面形象

政府在突发事件处理中要正确引导舆论并树立正面形象。现在信息获取的渠道非常多元化，除了传统的政府主动发布信息，以及应急管理指挥中心等机构、临时抗灾救援办公室等临时性组织发布信息外，新媒体也成为公众获取信息的重要媒介。在突发事件处理中，政府一方面要借助媒体的力量，另一方面也要规范媒体的行为。在一些突发事件处理中，媒体的恶意炒作、利益驱动的谣言煽动、从众心理引起的恐慌等，都对信息沟通造成了干扰和破坏。因此，政府必须正确引导舆论，占领信息发布的制高点。要借助电子政府、电子政务构建的政府和公众之间的信息沟通平台来发布事件相关信息，及时将政府的决策通过这一社交媒体告知公众，并快速搜集和形成反馈建议，保持政府与公共媒体信息沟通渠道的畅通和透明，保证信息发布的真实性和权威性。政府除了通过面对面的沟通交流形式让民众了解真相，还要善于运用新媒体技术将事件发生的缘由、处理进展、后续处理等信息分阶段地让公众知晓。

第四章
沟通协调的主要方式

现代政府组织的运作管理，凸显了公职人员沟通协调的重大意义。随着我国政府管理改革的深入与服务型政府目标的确立，政府的管理模式必须进行调整，不断地创造政府组织内部与外部环境的和谐发展，从而推进政府管理绩效的提升。这就对公职人员的沟通协调能力提出了新的要求，公职人员沟通协调的效果也就成为对其工作成效考核的重要内容。事实上，与任何组织相似，公职人员同样需要关注沟通协调的方法与技巧问题。

第一节　敏锐把握并及时反馈信息

现代社会是一个信息爆炸的社会，政府面对的是一个变化速度前所未有的复杂环境。政府决策、执行必须基于对信息的及时准确掌握和科学合理分析。因此，政府部门中的每一位公职人员,都必须能够敏锐地把握信息,并且在最有效的时限内做出反应,这是政府管理成败的重要基础。

一、行政信息——管理的基础

行政信息是指行政组织上级对下级、同级之间与非行政组织之间的行政政策、公文、通知、命令等,其本质就是在行政组织中进行有效的沟通协调。行政信息具有真实性、时效性、共享性和可传递性等特征,在行政管理中发挥着基础性的作用。

(一) 行政信息的作用

第一,行政信息是行政决策的立足点。行政决策是行政管理的基本职能,必须以大量准确的信息为依托,否则必然导致决策不当。没有准确、及时的来自社会政治、经济、文化等各个领域的信息,是难以发现决策问题的,决策方案的设定与抉择等问题就更是无从谈起。

第二,行政信息是行政执行与行政控制的根本保障。公职人员为了更好地改善行政管理功能,必须获取有关行政执行的信息,以信息为依据,采取进一步改善行政活动方式和决策目标的措施。行政控制的目的则在于发现行政执行中偏离决策目标的缺点和错误后,适当地改进措施,以确保行政管理活动的正常开展和目标的达成。要在行政执行的过程中随时加以控制,必须时刻注意信息的反馈,没有良好的信息反馈,任何措施的执行都是一句空话。

第三,行政信息是行政沟通和行政协调的桥梁和纽带。借助行政信息这一纽带和桥梁,才能使行政管理的各个层次、各个部门彼此沟通，协调一致地完成组织目标。行政协调的中心工作就是打通各个部门和各个层次之间的信息沟通渠道，通过团体资料和信息，促使各方面了解信息，统一思想，实现合作目标。

(二) 影响行政信息沟通的障碍

在行政组织中，由于各种因素的客观制约，行政信息沟通可能会遇到各种障碍，从而降低行政信息沟通的准确性和时效性。行政组织中产生信息沟通障碍的因素包括：

第一，人际因素，主要是沟通双方相互信任，信息来源的可靠程度和发送者与接受者之间的相识程度等方面。沟通双方的诚意和相互信任至关重要，上下级之间的猜疑只会增加抵触情绪、减少坦率交谈的机会，也就不可能进行有效的沟通。

第二，结构因素，主要是指地位差别、信息传递链和团体规模等。地位的高低对沟通的方向和频率有很大的影响。此外，信息通过的等级越多，信息失真率也越大。所以，当组织规模较大时，人与人之间的沟通也会变得较为困难。

第三，技术因素，主要指由语言及非语言暗示等造成的沟通障碍。语言是占支配地位的行政沟通的方式和途径，但是常常因语言误用和沟通不当而导致信息被不恰当地歪曲，使语言的发送者和接受者对同一信息的理解完全不同。另外，当人们进行交谈时，常伴随着一系列有含义的动作，如手势、面部表情、眼神等，这些无言的信号强化了所表示的含义。

(三) 促进行政信息沟通的对策

针对行政信息沟通中存在的障碍，总结国内外理论与管理实践，可归纳出一些促进行政组织有效沟通的对策，主要包括：

第一，做好沟通的准备工作。发布信息的人在沟通前应澄清概念，认清事实，沟通内容必须事先妥善计划，并明确沟通的目的。

第二，及时反馈与跟踪。

第三，改善行政组织的结构。在不影响组织总体构架和主要目标的前提下，组织应尽量减少行政层次，撤除不必要的岗位和管理层，同时还应该避免机构的重叠，增加沟通渠道，加强政府部门间的联系，以加快信息的交流速度，保证相互沟通的准确和充分。

第四，健全组织沟通的机制。尽量减少机关组织的层级，减少沟通内容被过滤、曲解和延误的机会。

第五，建立良好的沟通协调系统，信息是绝对性的基础。实施前预先告知所有人员必要的信息，使其充分了解，以获取他们的支持与合作；定期或适时举办业务讨论会；消除本位主义；健全机关组织的组织结构，划清各单位和个人的权责；利用项目评估等管理方法，使机关组织中的工作人员对行政信息进行了解，以遵循共同的依据、减少不必要的冲突。

第六，创造良好的沟通氛围。

第七，改进沟通技巧，学会主动倾听。沟通技巧大体可以分为两类：一类是建设性的沟通技巧，培养倾听技巧并能够适时恰当地响应对方；另一类是会议的沟通技巧，包括会场环境的准备、会员的准备、主席的准备、掌握会议全程成功的原则等。

第八，秉持一定的沟通处理原则。在组织沟通过程中，会出现各种各样的冲突，比如个人内在冲突，严重的话还会导致团体间、组织间的冲突。当出现这些问题时，应确认"谁是此事件最合适的协商者"，决定"什么时候去执行仲裁"。管理者可延缓协商计划，以达到缩小冲突规模的目的。

二、多渠道获取准确信息

公职人员在面对纷繁复杂的信息时，应该具有主动获取信息的能力，尤其是要具有充分获取多样信息的意识和能力。只有这样，才不至于偏听偏信，避免在了解单一信息的情况下进行公务活动、出现工作失误。主动获取多渠道信息是现代公职人员的一项重要基本素质。

三、加工传输——及时反馈

公职人员在了解和把握了大量的新政信息后，重要的工作就是对信息进行分析处理，去伪存真，去粗求精，也就是完成对行政信息的加工处理，并且做出及时反馈。反馈原本是物理学中的一个概念，是指把放大器输出电路中的一部分能量送回输入电路中，以增强或减弱输入信号。心理学、社会学与管理学借用这一概念，指明了反馈这一沟通协调方式对于效率提高的重要意义。

在管理中，目标给人们指出应达到什么样的目的或结果，同时它也是个体评价自己绩效的标准。反馈则告诉人们这些标准满足得怎么样，哪些地方好，哪些地方有待于改进。及时反馈是对信息的重要加工传输过程。目标只有和反馈结合起来，才能提高绩效。

有个小故事生动地揭示了这一点。某管理者手下有个得力的助手，他的强项是撰写文稿，出色的文笔深受单位领导的赞赏，尤其是他的直接领导。不过这个直接领导从来没有当面给予过助手任何鼓励，还总是挑毛病，使得助手整天闷闷不乐。有一天，直接领导受到邀请要参加会议并发言，便要求助手给自己撰写一份发言稿。助手接到命令立马着手写稿子。过了几天，当直接领导拿到助手撰写的稿子时，发现稿子没有太多的新意，于是就询问助手："这篇稿子怎么感觉和以前的稿子差别不大？"助手说："我之前撰写过好几种不同风格的稿子，您每次都会提出各种建议，我也不知道怎么撰写才是合适的。"如果这位直接领导能够把心里对助手的赞许说出来，对助手来说不仅是一种肯定，也是做好工作的一种动力。

四、减少内部摩擦阻力

现代政府管理中的职能按照官僚制理论来说有明确的层级划分，在职能分权结构下会产生内部摩擦阻力，这一阻力又会严重影响政府管理的整体效率。应对这一现象，掌握并运用一定的沟通协调技巧显得尤为必要。

政府内部摩擦阻力是政府组织自身发展的必然产物。导致政府组织内部摩擦阻力的原因是多方面的，从客观原因来看，包括以下四个方面：

一是组织结构与体制的不合理，包括机构设置不完善、部门职责权限不清、职能存在交叉、分工不明，于是工作中必然出现争功诿过、互相扯皮的混乱现象,引发了种种形式的政府组织内部的摩擦阻力。

二是角色矛盾。角色的不同使政府组织成员的职位、权力、责任不尽相同,相应地,它们关注问题的角度和立场、解决问题的方式和方法、行为的方式也不尽相同,如果沟通协调不妥,就会产生内部矛盾和摩擦。

三是信息沟通渠道受阻。信息沟通过程中的遗漏、失真、扭曲是导致组织内部摩擦阻力的一个重要因素。由于组织成员之间对于统一事务接收到的信息不一样,大家的理解就会不一样,而认知上的差异又往往会转变为行动上的矛盾。

四是资源的短缺。对短缺资源的分配,必然会出现明争暗夺的情况。这也是引发政府组织内部摩擦阻力的一个重要原因。

从主观原因上讲,包括以下三个方面:一是目标与利益的不同,引起组织成员之间、部门之间及个人与部门之间的矛盾;二是价值观念的不同,导致组织成员之间、部门之间、个人与部门之间的误解、隔阂,甚至引发矛盾;三是性格爱好的不同,造成组织成员的隔阂、误解、反感,妨碍了相互了解与信任,这非常容易导致个人之间的种种摩擦。

我们来看一个案例:某女士是北方人,毕业后顺利来到南方一个不错的政府部门工作。但是上班后不久,因为语言问题,她和单位同事的交流存在一定的障碍,她总是觉得别人对自己并不友好,也不太愿意和同事交流。后来,部门领导对她很不错,让她负责一个较为重要的工作项目,这个项目和她的专业正好对口,做起来游刃有余。她十分感激这位领导,工作特别

沟通协调

卖力,经常加班加点,而和她一起共事的两个同事有些抱怨,但她仍然我行我素。有一个同事想请婚假她也没批准,同事很不高兴。不久,另一位同事不小心拿错了文件,虽然没带来什么不好的影响,但她大发雷霆,往后在工作中三个人总是发生矛盾,两位同事甚至向上级申请要调到其他岗位工作。而这也严重影响了该项工作的正常开展,使得在规定的时限内没有完成既定目标,受到了领导的批评。在后续的工作中,她和同事一起共事也总是磕磕绊绊的。她并不知道问题出在哪里,所以渐渐开始封闭自己,少言寡语,不知道怎么与人相处。

上述案例表明,组织内部摩擦阻力对组织存在消极影响,主要表现在以下两个方面:一是政府组织内部造成矛盾双方彼此对峙的局面,妨碍政府组织的团结,使政府组织成员的心理更加不平衡,并导致工作情绪低落,妨碍政府组织效率的提高;二是导致矛盾的双方片面地追求局部利益,妨害政府组织整体利益和目标的实现。

通过良好的沟通协调,可以有效解决政府内部的摩擦阻力。应坚持以下四个原则:

一是民主原则。政府组织是人员的集合体,政府组织的正常运转有赖于全体成员的共同努力,需要发挥每一个人的积极性。而要发挥这种积极性,就必须使每个人对政府组织的管理享有一定的权利,并承担一定的义务。

二是利益共享原则。政府活动是由其成员共同开展的,政府任务是由成员分工协作完成的。政府组织所取得的一切荣誉和利益,从总体上看,应归功于全体政府成员,而不应只归功于部分成员，更不应只归功于个别领导者。

三是意见沟通原则。政府组织对外需要输入各方面的情报资料，对内需要了解所有情况并统一各方面的意见，而这些都以意见沟通为前提。只有通过广泛的、多样化的、充分的沟通，才能增进大家对单位的目标、政策、计划的了解。才能增进组织成员相互之间的了解，从而消除误解、交流感情、增强团结，减少不必要的冲突，减少隔膜，增进感情。

四是激励原则。激发人的内在动力，朝着所希望的良好目标前进，从而形成一种组织成员之间主动配合、积极协作的良好关系。

通过沟通协调可以解决组织内部的摩擦阻力，其基本途径主要包括以下几个方面：

一是增加沟通机会。政府组织内部摩擦阻力常常是由于彼此沟通机会少或缺乏充分讨论，以致发生误解而引起的。对于这类组织内部摩擦阻力，应该设法增加矛盾双方的沟通机会，有计划地安排他们之间进行正式和非正式的交流讨论，甚至可以采用工作轮换的方法，通过互换角色促进他们之间的相互了解。某单位非常重视组织文化建设，倡导包容、共享、合作、共赢。这种文化也充分体现在了组织的上下级沟通上。下级可以随时到主管或更上一级主管的办公室，与公司的管理人员直接进行沟通。该单位倡导员工直接提出自己认为正确的建议，而不必在意级别之分，让员工感觉大家是完全平等的。这种"尊重个人、互相信任"的组织文化，不仅让下级尊重上级，也让上级明白要尊重下级，形成了良好的上下级关系，有效减少了组织成员之间的摩擦。

二是设立正确的竞争性目标。由于竞争性目标和规范不合理,致使相关部门不是以提高自己的效率为目标,而是以压倒对方、破坏对方的行动为目的,这在激烈的竞争中必然使双方的敌对情绪增加,导致矛盾的发生。因此,在组织设立目标之前,要允许组织成员参与讨论,听取大家的建议,在设立目标之初就将可能发生的矛盾排除,促使部门和个人克服本位主义、个人主义,从而使双方能够彼此合作、共同前进,而不将对方视为竞争对手。

五、化解外部矛盾冲突

积极有效的行政信息沟通,不但有利于克服组织内部的摩擦阻力,变阻力为合力,而且可以化解政府组织与社会组织之间可能存在的矛盾冲突,在政府与社会公众之间形成信任和谅解,达成政府管理与社会的和谐。

(一) 政府管理与公众期望的差距

现代社会中,公众对政府的期望值是非常高的。一方面,政府必须积极有效地应对社会的复杂管理对象;另一方面,又必须面对社会公众的监督和不信任的审视。因此,政府公职人员必须能够理性应对政府管理与公众期望之间的差距,在努力满足公众期望的同时,通过相应的政府行为使社会公众能够对政府充分理解,从而为政府的管理形成良好的社会氛围。

事实上,政府的实际管理绩效与社会公众的需求之间总是存在差距,这也是现代政府管理必须面对的一个基本矛盾。造成这一矛盾的原因是多方面的,除了政府自身管理的问题外,主要还有以下两个方面:一是政府与社会公众所掌握的相关信息存在差距,导致在不同的信息基础上形成不同的判断;二是政府的宏观目标追求与社会公众的不同利益组合存在差异。客观分析两个方面的原因,可以看出问题产生的根本原因在于矛盾双方所占有信息的不对等,正是这种信息的不对等,产生了对相关问题的不同关注与理解。获取社会公众的理解,必须努力逾越信息的鸿沟。

(二) 化解外部矛盾冲突的基本途径

现代政府管理中越来越强调的政府公共关系就是对这一问题的积极回应。政府公共关系承担着沟通协调职能,沟通协调是联结政府与公众的桥梁。政府公共关系沟通协调主要包括内部沟通协调和外部沟通协调两大方面。内部沟通协调包括协调政府内部领导者与一般公职人员的关系、协调政府内部一般员工相互间的关系、沟通协调政府内部各部门之间的关系。外部沟通协调主要包括协调政府辖区内的广大公众、社会组织及与辖区外的公众和国际公众的关系。

通过沟通协调化解社会矛盾需要注意以下三个方面:

一是及时发现矛盾。首先,要在掌握全面的、大量的、深层的信息的基础上,分析问题产生的原因。其次,通过进一步挖掘信息,对事物矛盾进行深层次的分析。

二是对矛盾进行合理的分析。要找出社会矛盾的本质,才能从根本上解决社会矛盾。如果定性错误,不但不会解决矛盾,还会违背初衷,走向事物的反面,造成矛盾扩大化并产生新的

沟通协调

矛盾。

三是提出多个方案,迅速采取措施,提早与有关部门沟通协调,提前做好相关的准备,尽可能把问题解决在萌芽状态,防止矛盾进一步扩大造成负面的影响。

第二节　构建良好人际关系

如同其他社会组织一样,政府组织中的公职人员,除了依据行政组织体系产生指挥服从的工作关系外,还存在人际交往关系。公职人员必须认识到,在政府组织中,他们不是孤立工作的个体,而是彼此之间形成了复杂的人际关系。也正是通过与他人的沟通促进自身发展,推动公务活动。

一、人际关系特点与沟通协调策略

人际关系是人们为了满足某种需要,通过交往而形成的彼此间比较稳定的心理关系。它代表了人与人之间的心理距离,反映了个人或团体寻求满足其社会需求的心理状态。在公职人员的人际关系中表现出了以下特点:

第一,从本质上讲,人与人之间的直接角色联系是非私人性的人际关系。在此种关系中,关系双方的交往行为表现为鲜明的责任依从性,但这种关系又是直接发生在具体社会角色之间的,所以,是人与人之间的直接角色联系。

第二,社会规范和角色规范是调节公职人员人际关系的强制性杠杆。

第三，公职人员人际关系的状况，是公职人员的角色地位与其表现出的角色行为的综合变量。

公务活动能否顺利进行主要取决于以下三个方面：公务活动的有效性、群体活动的协调一致性、群体绝大多数成员的工作满意度。而这三个方面能否实现，又都有赖于群体内部良好的人际关系，特别是良好的上下级关系。因此，协调处理好组织内部公职人员与公职人员的人际关系具有相当重要的意义。主要包括以下作用：

一是有利于提高公务活动效率。在政府管理活动中，要调动起公职人员的工作积极性，使公职人员的工作得到其他成员的支持与合作，特别是在现代社会活动中更需要良好的人际关系。

二是有利于提高群体战斗力。群体内部良好的人际关系、良好的上下级关系、同级关系，会形成融洽和谐的群体心理气氛，提高成员对群体的归属感，增强群体内聚力，从而提高群体成员对群体活动的关注与热情。良好的群体关系本身还可以满足群体成员高层次的社会性需要，对其工作积极性具有直接的激励作用。这一切，都会极大地提高群体活动效率。

三是有利于提高公职人员的工作满意感，使其以更高涨的热情投身于群体活动。

二、人际沟通协调的理论

在协调处理人际关系时，应遵循以下原则：

第一，社会利益原则。即从整个社会的利益出发，去协调

沟通协调

具体的人际关系,这是建立新型的社会主义人际关系的基本原则。只有坚持这一原则,才能建立和发展健康、积极的良好人际关系。

第二,群体活动效率原则。人际沟通协调的任务在于通过协调群体各方面的人际关系,调动每一位成员的积极性,使之为群体目标的实现而努力工作。因此,在处理人际关系时,应该将提高群体活动效率作为一项必须坚持的原则。

有几人一起搭船渡河,船行至河中,忽遇到暴风雨,将倾将覆。在这危急时刻,有一名青年主动站出来指挥船上的人,他以不容反驳的口气命令一位十五六岁模样的少年骑在船中的横木上,又指挥两名木匠划桨。因为水势过于险恶,为了保住船,必须把船上多余的东西扔掉。青年不容分说地把少年的老玉米扔入河中,同时也把两名木匠带的几袋子山货扔了,但留下自己带来的一个沉重的箱子。两名木匠很生气,于是趁青年没防备时,合伙将青年沉重的木箱扔进了水里。木箱一离船,船随之像纸一样漂起来,失去控制,撞到了石头上,所有人都被甩到了急流中。那两名木匠没想到的是,被他俩扔入水中的木箱里面装的全是沙石,是用来稳住船的,没有了稳定船用的木箱,船就会翻。这是一件不该发生的事情,究其原因,主要是青年和两名木匠没有沟通好。如果青年向两名木匠说明木箱里装的是稳定船用的沙石,他俩是绝不可能将木箱扔入河中。从某种意义来说,沟通的好坏,在危急时刻可使舟渡过难关,亦可使舟倾覆。

第三,个体需要满足原则。良好人际关系的最主要特征,就是关系双方需要的相互满足,这是在处理人际关系中应遵循的一项原则。坚持这一原则与坚持社会利益原则和群体活动效率原则是一致的,满足劳动者的需要是社会主义生产的根本目的。以社会、集体和他人利益为原则的人际关系有利于国家、集体和他人,有利于公职人员顺利、有效地发挥职能,完成公务活动目标。

一般而言,在人际交往中,人际关系受到以下因素的影响:

一是距离的远近。所谓远亲不如近邻,地理位置越接近,越容易使人形成亲密的人际关系。

二是交往的频率。交往的频率越高越容易形成亲密的关系。较为频繁的交往才能形成共同的兴趣、爱好和语言,从而为形成良好人际关系奠定基础。

三是需求的互补性。相互的满足是形成人际关系的前提和基础。

四是人的个性。人的个性影响人的交往意愿与态度。另外,个人的一些特征如职业、性别等因素也会对人际交往产生影响。

三、人际沟通协调的方式

为了提高人际交往的效果,形成良好的人际关系,公职人员在处理人际关系时要注意采取有效的策略。

第一,注重平等。在人际交往中必然会有一定的投入,双方的需要和需要满足的程度应该是相同的,平等是建立人际交往关系的前提。在人际关系中,每个人都希望得到平等的关注,得到认可与尊敬。

第二，追求相容。相容是人与人之间关系的融洽，人与人交往时的相互容纳、包涵和忍让。要做到心理相容，就要注意增加交往的频率、寻找共同点、秉持谦虚的态度。

第三，实现互利。建立良好的人际关系必须事先互助互利，通过物质、精神、情感的相互交换得到满足。

第四，坚持信用原则。信用原则是指诚实与信守诺言，人离不开交往，而交往离不开信用，坚持交往中的信用原则，才能建立真正良好的人际关系。

第三节　综合运用目标沟通协调和会议沟通协调

公职人员提升沟通协调能力，还可以借助一些行之有效的手段，对于政府组织来说，最主要的是目标、会议的沟通协调方式。

一、目标沟通协调的原则和方式

在组织的沟通协调过程中，必须注意要把个人的自身利益与组织的集体利益结合起来。个人的利益往往是和组织的利益相矛盾的，因此既要执行集体的规则和程序，又要照顾到个人的需要。规则与程序的存在是为减少凭个人好恶行事，以维护集体的利益。但每个人都有他们各自特殊的需要，而这些需要因为要执行规则与程序而不能得到满足，必须通过平衡个人需要和集体准则解决问题，但平衡却常常带来矛盾。要解决这些问题，就要做到充分的沟通协调。世界上有许多事情，往往不是说做就能做到的，还要讲究方式方法。

曾经有人做过这样一个实验：组织三组人，让他们沿着公路步行，分别向十公里外的三个村子行进。甲组不知道去的村庄叫什么名字，也不知道它有多远，只告诉他们跟着向导走就是了。这个组刚走了两三公里时就有人叫苦了，走到一半时，有些人几乎愤怒了，他们抱怨为什么要大家走这么远，何时才能走到。有的人甚至坐在路边，不愿再走了。越往后人的情绪越低，七零八落，溃不成军。乙组知道去哪个村庄，也知道它有多远，但是路边没有里程碑，人们只能凭经验大致估计需要走两个小时左右。这个组走到一半时才有人叫苦，大多数人想知道他们已经走了多远了。比较有经验的人说："大概走了一半儿的路程。"于是大家又簇拥着向前走。当走到四分之三的路程时，大家情绪低落，觉得疲乏不堪，而当有人说快到了时，大家又振作起来，加快了脚步。丙组最幸运，大家不仅知道所去的是哪个村子，它有多远，而且路边每公里有一块里程碑。他们一边走一边留心看里程碑，每看到一个里程碑，大家便有一阵小小的快乐。这个组的情绪一直很高涨，走了七八公里以后，大家确实都有些累了，但他们不仅不叫苦，反而开始大声唱歌、说笑，以消除疲劳。最后的两三公里，他们越走情绪越高，速度反而加快了。因为他们知道要去的村子就在眼前了。

这个实验说明，当人们的行动有着明确的目标，并且把自己的行动与目标不断地加以对照，清楚地知道自己行进的速度和不断缩小与目标的距离时，人的行动动机就会得到维持和加强，并自觉地克服一切困难，努力达到目标。

公职人员，尤其是担任领导职务的公职人员，职责是统一全体成员的意见和行动，并为他们确立目标，提供行动的方向。但有些管理者并不明白这一点，他们不懂得"目标的确是管理的基础"这一道理，他们自以为自己的下属们对于要干什么已经很清楚了。可是，当你到他们的单位，问那里的职工他们的工作是什么时，你会惊异地发现，职工的回答与管理者所讲的很多时候都不是一码事。其实，对那些管理者来说，自己对于要让下属干什么心里是有底的。只是有些管理者忽略了和下属的沟通，这就使下属对自己行动的目标感到莫名其妙、糊里糊涂。所以，领导者应当为下属们确定目标，并把自己的意图明明白白地传达给下属，这是一种鼓舞人的方式，是协调工作的基础。

虽然确定目标是协调的基础，但还得看这个目标是否为每个人所接受。组织目标是否适宜、组织目标与个人目标的冲突也是管理者经常遇到的问题。任何一个集体单位，由于每一个人的需要、期待、能力、理想的不同，所形成的个人目标不一定与集体目标相一致。应该怎样解决个人目标与集体目标的矛盾呢？压抑和限制个人的目标是行不通的，而一味地迁就那些把个人目标置于集体目标之上的人，使集体目标适应个人目标的做法更是愚蠢，它只能毁掉组织的事业。现代西方的行为科学家们针对这种情况提出了要重视刺激生产者的积极性和主动性的原则。他们的主要原则是要满足人们的各种需要，以达到激励的目的。行为科学的某些具体计划是非常值得借鉴的。

在现代化管理理论中,有一个十分重要的问题,即动力问题。现代管理中有三类基本动力:物质动力、精神动力和信息动力。在这三类基本动力中,前二者是针对调动积极性而提出的。物质动力可以满足人的一部分需要,是较低层次的需要。这个动力是不可缺少的。但是,如果过分地重视物质动力,而忽略精神动力,则会导致"拜金主义"。物质动力所起的作用往往是暂时的,而精神动力的作用却是长远的。如果与物质利益正确地结合,精神动力就具有巨大的威力。因此,运用目标进行沟通协调,必须处理好集体与个体、物质与精神的关系。只有这样,才能发挥组织目标独特的协调作用。

二、会议沟通协调的原则和方式

举行和参加会议,是公职人员工作的重要内容,也是必须要掌握的一种非常重要的工作内容。公职人员必须明确现代管理中会议的基本功能,了解会议的各种形式,掌握开好会议的方法,利用会议的形式达成沟通协调的目的。

现代组织中,会议发挥着重要的作用。会议具有以下基本功能:第一,会议是实施管理的重要手段,公职人员可以通过会议了解情况、掌握信息、研究决策、布置任务等;第二,会议是依据民主集中制原则决定重大问题的一种不可或缺的形式;第三,会议是统一思想、协调关系的重要场所。从会议的基本功能可以看到,会议的重要作用正是发挥沟通协调的作用。与会者在进行意见交流之后,就会产生新的见解和行动准则。会议使与会者的民主权利得到了体现,可以提高为整体作贡献的自觉性和责任感。会议还产生了一种约束力。凡是形成会议决定的问题，每个人都应该服从。

作为公职人员，利用和发挥会议的功能与作用，必须把握开好会议的基本要求。

第一，会议要有明确的议题。一般来说，无论开什么会，都要有中心议题。只有明确了会议的中心议题，才能确定会议的性质、类型、规模、程序、时间、地点、人员，并对会议作好准备。会议议题不明确，与会者就不会有明确的意见，也就不会形成明确的决议，沟通协调的目标就无从谈起。

第二，会前要有充分的准备。在会议准备中，要确定好会议的中心议题，并且事先通知参加会议的人员，让他们有较充分的时间考虑议题、准备意见。同时，草拟好各种相关的文件，要依据会议的性质、类型，合理规定会议的程序、时间及参加会议的人员。

第三，会议要紧紧围绕中心。一次会议一般只能有一个中心议题，而不能设置过多的议题，否则必然会产生意见分歧，难以集中，影响效率。把握以上相关因素，使会议取得应有的效果，就能发挥会议独特的沟通协调作用。

会议不仅是信息沟通的重要渠道，也是实现协调的基本手段。因此，作为公职人员，应该掌握组织会议的基本方法。在具体操作方法上，要注意以下问题：

（一）做好会前的准备工作

会前做好充分的准备工作是最关键、最重要的一个环节。可以说，会前准备工作做得好，会议就能开好；会前准备工作做得不好，会议就无法开好。有人说，开会的功夫在会外，而不在会内，这个说法是很有道理的。这里所说的"会外"，就是指的会前的准备工作。可以说，没有会前认真细致的准备工作，就不会有此次会议的成效。

会前准备工作主要包括：

第一，会议议题的准备。会议议题，就是会议所要讨论、决策的对象。没有议题，也就不能进行会议。会议议题的准备，是会前准备工作中的首要项，需要注意以下三个方面。

一是对会议议题的要求。对会议议题的基本要求就是"明确"。只有会议议题明确，与会人员才能发表意见、提出观点，讨论才能进行；只有会议议题明确，领导者才能进行决策。会议议题明确，主要是指要求会议解决的问题一定要明确，绝不能含含糊糊，使人摸不着头脑。

二是对会议议题的收集、加工、整理。会议组织者要主动、及时地收集会议议题。强调主动去收集会议议题，并不是热衷于会议，而是为了使那些确实需要提交会议讨论的问题能够及时地收集上来。会议议题收集上来以后，不能原封不动地拿到会议上去，会议组织者要对收集上来的会议议题进行一番加工和整理。加工和整理主要是对会议的议题进行删减、筛选、修改和充实。

三是对会议议题的审查和确定。搜集上来的会议议题，经过删减、筛选、修改和充实后，由组织者送请有关领导进行审查和确定。会议议题的审查和确定是议题提交会议讨论决议之前的最后一道手续，因此要更加认真、慎重。首先，要建立和健全会议审查规则。会议审查规则应包括下列几项内容：第一，各类形式的会议所讨论、议决的议题范围；第二，各种会议议题的最后审定权限；第三，会议议题审定时间的规定。其次，组织者在将会议议题送请领导审定的时候，要将了解到的、自己掌握的有关议题的一些情况，尽可能详细地向领导陈述清楚，作为领导审定议题时的参考。另外，组织者把会议议题送请有关领导审定时，还要将自己对议题的处理意见、建议反映给领导。

第二，会议文件、材料的准备。会议议题审定后，正式讨论决策前，组织者要准备好作汇报的文字材料。文字材料的准备，应根据会议的不同规模、不同类别和各单位的不同情况而定。一般情况下，开小型决策会议，有关人员只准备汇报提纲即可。较大的党政机关的决策会议，一定要准备文字材料向与会者汇报。会议文件、材料必须达到以下四个方面的要求：一是中心突出，开门见山；二是观点明确清楚，毫不含混；三是相关数据、论据要属实、准确；四是汇报语言要简明、扼要，尽量少出现叙述性语言。

第三，确定出席会议的人员。组织者在进行会议准备的诸项工作中，应高度重视会议出席人选的确定这个环节。出席会议的人员要适当，怎样把握这个"适当"的标准呢？一是出席会议的人员身份要适当；二是出席会议的人员数量要适当。每一个与会人员都应该是会议有机的组成部分。只有在与会人员的身份和数量都保持适当的情况下，会议才能得以顺利、协调地进行。否则，就会破坏会议出席人员组成的有机性，影响会议的效率。所谓"适当",就是按照会议的需要来确定出席会议人员的身份和数量。简单地说,就是什么内容的会议要由什么身份的人员参加;会议的形式决定出席会议人员的数量。比如,团员代表大会,出席的人员应该是团员。

第四,做好其他方面的准备工作。议题准备、文字材料准备和确定出席会议人员三项工作,是会前要做的主要工作。但是,其他几个细小方面的工作也要做好,如果有所疏漏,便会因小失大。比如,会前的各方面准备工作已经就绪,与会人员也已到齐,但就差会场还没落实好,等到把会场落实好,与会人员就座开始开会时,会议开始时间已经延误了。会议的效率是与方方面面的工作相关的,组织者在做好上述三项主要准备工作的同时,切不可顾大不顾小而造成因小失大的后果,要尽量将工作做得万无一失、滴水不漏。

(二) 了解主持会议的艺术

对组织者来说,在组织会议的全部工作中,主要是做好会前的准备工作和会议进行的服务工作。会议开始后,会议组织工作的重点便由会前的准备工作转移到主持会议上。因此,组织者应该了解并掌握主持会议的艺术。

第一,制订严密的会议议程。会议议程是指会议进行的程序,具体来说,就是会议进行的具体步骤的安排。会议议程对会议主持者的作用,就如同军事上的作战计划对军事指挥员的作用一样,是非常重要的。

对一个会议主持者来说,要想取得会议的成功,首先要制订一个严密的会议议程。制订会议议程,就是在开会前,根据会议所要达到的目标、会议所要讨论的议题和有关材料的准备情况，以及出席会议的人数和人员状况等，详细而周密地将每个议题的具体时间，发言、讲话人的先后顺序，会上需要进行的仪式活动的具体安排等方面，做一个科学、合理的计划，并形成书面材料。实践证明，会前制订一个严密的会议议程，有利于会议主持者全面掌握会议的进程。

即使在会议进行过程中发生了事前料想不到的情况，由于会议总的调子、大的方向都已基本确定，会议主持者也可以根据会议总的基调和会议的大部分议程的安排，灵活地采取适当的措施。如果会前不制订严密的会议议程，会议主持者在主持会议时，便会心中无数，只能任凭会议推着进行，这样一来，会议的方向和基调就很难把握了。而且，当会议进行过程中出现新情况时，会议主持者也会因为事先没有充足的准备而手足无措，不知如何是好，使会议"偏离轨道"。另外，经过周密考虑而制订的会议议程，除了对会议主持者在引导思路上有提示作用外，会议主持者也可以将会议议程作为约束与会人员发言、讲话时间的长短和内容、范围的依据。根据有关理论知识和实践经验，会议主持者制订的会议议程应符合"细致、具体、周全、严密"八个字的要求。

第二，制定严格的会议纪律。会议是一种群体活动。与会人员一旦进入这种群体活动之中，便是群体活动集体的一员，他的言与行、想与做，都要以群体的需要为出发点，服从这个群体的制约。只有这样，才能使会议这种群体活动得以正常进行。制定严格的会议纪律，并在会议进行的过程中严格地执行和遵守，是会议取得成功的一个非常重要的保证。为了取得会议的成功，会议的主持者应该充分利用会议纪律这个有效的手段。

第三，掌握会议宗旨，保持头脑清醒。拟订了严密的会议议程，制定了严格的会议纪律，会议主持者便可以开始开会了。要想使会议按照会议议程顺利进行，达到预定的目标，还需要会议主持者在会议进行过程中牢牢地掌握会议宗旨，保持头脑清醒。

第四，要善于把握时机。时机是种客观存在的东西。概括地说，时机就是适合一定的事物发生、发展的机会和形势。这种机会和形势在事物的发展、变化过程中并不能反复出现，一旦出现就会很快地消逝。所谓善于把握时机，就是一旦所需要的机会和形势成熟了，就要立即抓住。要做到善于把握时机，就要善于发现、掌握机会和形势成熟的时机。这里所说的时机，是指在会议进行过程中出现的适合与会人员发言、讲话、汇报情况，适合会议主持者变换议题、调节会议的气氛和节奏、对讨论的问题进行决策、结束会议等的机会和形势。对会议的主持者来说，善于把握时机，就是一旦上面所列述的机会和形势出现就立即抓住，迅速实施。否则，机会和形势是不等人的，稍一犹豫，机会和形势就会消逝。另外，这里所说的善于把握时机，还有另外一层意思，就是当机会和形势尚未成熟时，要沉住气、稳住劲儿，不能操之过急。通俗地说，把握时机就是掌握一种火候，善于把握时机，就是使火候适中，既不能"过火"，错过良好时机，也不能"欠火"，出现"早产"的现象。"过火"和"欠火"都会降低会议的效率。

第五章
沟通协调的技巧与艺术

公职人员提升沟通协调能力、掌握沟通协调的技巧,一方面要善于利用会议等各种手段,另一方面也要着力培养个人的沟通协调素质,在工作实践中形成高超的沟通协调的技巧与艺术,推动公务活动的顺利进行。

第一节　沟通协调技巧与艺术的特征

有效的沟通协调,必须讲究技巧与方法,否则很难达到目的,给工作带来负面影响。有个小故事非常能说明这个道理。有一个秀才去买柴,他对卖柴的人说:"荷薪者过来!"卖柴的人听不懂"荷薪者"(担柴的人)三个字,但是听得懂"过来"两个字,于是把柴担到秀才前面。秀才问他:"其价如何?"卖柴的人听不太懂这句话,但是听得懂"价"这个字,于是就告诉秀才价钱。秀才接着说:"外实而内虚,烟多而焰少,请损之。"（你的木材外表是干的，里头却是湿的，燃烧起来，会浓烟多而火焰小，请减些价钱吧。）卖柴的人因为听不懂秀才的话，于是担着柴就走了。我们能够发现，秀才在咬文嚼字的时候，犯了沟通的大忌讳，沟通者与沟通对象之间缺乏有效的媒介。沟通者平时最好用简单的语言、易懂的词语来传达讯息，而且对于说话的对象、时机要有所掌握，有时过分的修饰反而达不到目的。

实际的沟通协调行为面临的情况更为复杂，更有一些难以预料的情况出现。在这种复杂多变的情形中，把握沟通协调的技巧就显得尤为重要。

一、原则性和灵活性相结合

在沟通协调中，必然涉及各种利益关系的处理。坚持社会公共利益是原则性的基本要求。但是，实现原则性目标的手段则可以灵活选取。组织的原则性是指规章制度、法律法规和基本规律，灵活性是指处理问题的方式、方法及其艺术性。两者看似矛盾，却是可以进行完美结合的。灵活性与原则性是辩证统一的。原则是基础，灵活是发展，原则是灵活变化的度，灵活是在原则限制范围内的灵活，又反作用于原则。要处理好两者的关系，原则性是"轴"，是基本的恒定要求与准则，灵活性是"轮"，围绕原则性的轴可以做出灵活的变通。

古人云："善将者，其坚不可折，其柔不可卷"，"凡为将者，当以刚柔相济"。在协调过程中，既要坚持原则性，又要强调灵活性，做到二者的有机统一，才能有效地协调。离开原则

沟通协调

性讲协调会丧失立场，离开灵活性讲协调会导致教条和凝滞，二者都不能达到协调的目的。

在政策执行过程中，正是因为有了原则性，执行者才能维护政策的严肃性和权威性；也正是因为有了灵活性，执行者才能避免政策实施的僵化和教条。正确的政策变通往往是"只求神似，不求形似"。原则性与灵活性二者是统一的，原则性是灵活性的基础，灵活性是原则性的保证，是为实现原则性服务的。

用矛盾的观点看问题。把原则性与灵活性结合起来，首先就要用矛盾的观点看问题，重点是要把握好矛盾的普遍性和特殊性的关系。一般来说，在基层，由于接触的具体问题多，所以个性和特殊性就多一些。因此，这就要求基层从实际情况出发，有什么问题就解决什么问题，把上级的精神落到实处。

原则性是标准和尺度。在沟通协调工作中，当双方分歧比较大、情绪比较激动、一时难以达成共识时，切记不要操之过急，暂时把问题放一放。通过"冷处理"，等双方冷静下来之后再继续进行沟通协调，这样会有利于问题的解决。在沟通协调过程中，双方的意见已经渐趋一致时，就要趁热打铁，一鼓作气把问题及时解决，否则，事情拖延之后可能会发生新的变化，后续再处理起来就会更加困难。因此，在政策执行中坚持原则性与灵活性相统一的原则，就是要把政策的精神和实际情况相结合，既要创造性地实施政策，又要正确地把握政策的界限。灵活是在原则所允许的范围内的灵活，而不是随心所欲地违反政策。

二、智商与情商相结合

在传统的人力资源管理中，人们注重更多的是一个人的智商高低。智商是人们认识客观事物并运用知识解决实际问题的能力。智商包括多个方面，如观察力、记忆力、想象力、分析判断能力、思维能力、应变能力等。智商的高低通常用智力商数来表示，用以标示智力发展水平。长期以来，我们对于智商的高度关注使人们忽略了更为重要的因素——情商。

情商代表的是一个人的情绪智力的能力，是一个人自我情绪管理以及管理他人情绪的能力指数。相关研究表明，情商的高度决定个人成功的高度，比智商更重要。智商不高的人如果拥有更高的情商指数，也一样能成功。三国时期的周瑜就是一个情商低的代表人物。人人都说周瑜智商高，会领兵打仗，但是他心胸狭窄、容不得人，爱动怒，爱生气，嫉贤妒能，所以，他不但没有持续取得成功，而且因为自己的狭隘而早早地撒手人寰。在工作中，我们常常会遇见这样的情况：工作能力同样优秀的两个人，在单位工作一段时间后，一个人获得大家一致的认可，群众基础好，进步很快，另外一个人却口碑不佳，同事都觉得他难以相处，越来越疏远他，工作也每况愈下。造就不同结果的主要原因就是情商。前一个人平日待人真诚，脸上总是挂着一副笑脸，别人有困难时主动帮忙，在工作上不计较个人一时的得失，别人不愿意干的事情他勇于承担；而后一个人总是高高在上，平时和同事交流较少，在工作上总以自我为中心、斤斤计较，总想一个人独揽大权，好表现。因此，在沟通协调等处理人际关系的行为中,政府组织和公职人员都必须高度重视情商的培养与开发。

我们再来看一个案例。一艘载有不同国籍游客的游船在海面上航行,突然发生触礁,很快就要沉没了,所有的游客必须穿上救生衣跳海逃生。但船长意识到,如果马上在甲板上宣布这个消息,一定会引起极大的恐慌,船会沉得更快。船长灵机一动,将不同国籍的游客分别召集至不同的船舱部位,然后发布不同的命令。船长对德国游客说:"我以船长的名义命令你们,立即跳海求生,否则以军法论处!",德国游客跳了海。来到中国人面前,船长说:"你们家有父母和妻儿在等着你们照顾,快点逃生吧!",中国游客跳了海。在英国人面前,船长说:"你们看,那么多妇女儿童落水了,可爱的绅士们,快点去救救他们吧!",英国人也跳海了。船长的成功建立在以情动人的基础上,情商在危机中的沟通协调中更是发挥着重要作用。

第二节 沟通协调技巧与艺术的应用

沟通是指人与人之间、组织与组织之间的信息交流;协调是使人们的行为趋于和谐、其行为导向指向共同目标的一种管理活动。沟通是手段,协调是目的。一个管理者的管理水平和管理效率主要取决于他的沟通协调能力。

我国的文化博大精深,在沟通交流方面也提出了很多方法,比如迂回曲折的婉转方式,比如循循善诱的渐进导入主题等。

但不是任何沟通方式在任何场合对任何人都是有效的，我们应该学会读人。世界上最难的事是了解人，世界上最有意义的事也是了解人，把人了解得彻底，是非常难的事情。因此，对人行为的认识和了解，更是协调的前提和基础。比如，如果和性格开朗的人谈话，你可以侃侃而谈；同性格内向的人谈话，就应注意分寸，循循善诱。

建立良好的沟通协调，要注意以下几个问题。一是在沟通协调中，要和对方有眼神上的交流，切忌躲闪、逃避，不能出现注意力不集中、分神的情况。二是在沟通协调中，要尊重对方，保持礼貌客气的用语，避免让对方产生居高临下的不平等感。三是保持恰当的面部表情和肢体动作，避免幅度过大的动作干扰沟通过程。四是尽量避免对话生硬没技巧，使对方感觉不适或尴尬。五是保持沟通的顺畅，不可长时间沉默不语，可以通过提问、复述等方式打破僵局。六是避免突然打断对方说话。七是避免一个人唱主角，要边倾听边交流，一方面要虚心听取不同人的意见，另一方面也要坚持原则，不随声附和。此外，我们还应该注意在什么情景下把握沟通协调技巧才能提高工作效率，才能达到既不食言也不失人的境界。

一、迂回曲折，委婉言说

这一方法主要是因为对方执迷不悟、深怀敌意，甚至居心不良，或者是问题过于复杂，不便从正面如实答复或否定，这时就得借用对手的选择作"迂回"诱导，以反驳他原有的结论。可以站在对方的角度上考虑问题，也可以以对方感兴趣的人或

沟通协调

事间接打动对方等。比如春秋战国时期，晋灵公为了贪图享受，大兴土木，建造九层高台，搞得举国上下怨声载道，不少大臣直言相谏。可晋灵公不但不听，还张弓搭箭，扬言谁要再对此事多言就射死谁。大臣荀息走过来，笑着对晋灵公说："我愿为大王表演一个小技艺，把几个棋子堆起来，我还能在上面放9个鸡蛋。"晋灵公一听，觉得很奇怪，就放下弓箭，来看荀息的表演。当看到荀息真把棋子摆起来，又往上面放鸡蛋时，晋灵公十分紧张，不自禁地连声喊道："危险！危险！"听了这话，荀息不动声色地说："这还算不了什么，还有比这更危险的呢！"晋灵公听了这话，好奇心更盛了，连忙催促荀息表演给他看。荀息一见时机成熟，便向晋灵公说道："这九层高台修了三年还没造成，现在地无人耕种，布无人纺织，国库空虚，一旦外敌入侵，国家很快就会有灭亡的危险了！大王，还有比这更危险的事吗？"这一番话，说得晋灵公恍然大悟，于是就下令停止修造高台。

责备他人应该留有余地，不要把对方逼入死角。对方若是没路走了，你的路能宽到哪去？多忍一点，会给自己增加更为开阔的视野。凡事留有余地，也是社交中的一种礼节和美德。此外，我们在拒绝他人时也一定要委婉一点，只有把握住分寸，并且不失礼节，才会使彼此都不难堪。

评价他人是最敏感的交流方式，应特别慎重，尤其是作否定性评价时，更应注意方式，可用手势、神色或语言巧妙地暗示。不要言辞过激，或直接予以否定。哪怕出于好意，过分的抨击也会伤人自尊，引起对方的逆反心理。含而不露法，委婉地把自己的意见和看法暗示给对方。这种方法既不伤情面，又达到了自己的目的，委婉曲折，耐人寻味。

二、循循善诱，导入主题

循循善诱是指善于有步骤地引导，以达到目的。或者我们可以用"润物细无声"来对其进行生动的描述。它并不是强迫我们去接受哪种观点，而是通过一系列看似无关的东西来让我们自己发生改变。

对于组织人员来说，具备较高的基本功底自然十分重要。如果还能掌握有效沟通协调的一些策略与技巧，对于提高工作业绩，可以起到相对更为明显的促进作用。而循序渐进就成了人们最常用的一种策略。

引用是人们常见的说话技巧。其形式是灵活多样的，可引用原文，也可改造引用，甚至可以虚拟引用，以此充分论证和表达自己的思想和感情，为自己所要阐述的主题服务，这比直接从正面进入主题更为有力。

理不说不明，话不说不透。很多时候，并非别人不明事理，而是因为自己未将道理讲明。说服他人，不要讲大道理，要将道理讲得具体、生动，引人入胜，让人在不知不觉中自觉去醒悟，这就是循循善诱的魅力所在。

劝说别人，靠的不单单是口才。在一个恰当的环境里，将劝说融于某些有特殊意义的环境、景物，能使听者产生深刻的联想，效果极佳。

三、开诚布公,真心交流

开诚布公就是要坦率诚恳、真心相待。开诚布公的交流和沟通在团队合作中尤为重要。开诚布公就是人与人之间要坦诚相待,不要遮遮掩掩、言不由衷,否则会严重破坏团队的面貌风气,阻碍团队内部的正常交流,并最终导致企业经营失败。比如,在开会讨论问题的时候,与会的所有人都应该坦诚地交流,这样才会以最快的速度把问题解决。如果某个人因为考虑到其他同事或者上司的因素而不敢表达自己的观点,事后背地里再向别人表达不同意见,不但不能坚持自己的观点,甚至还可能会破坏公司内部人员的沟通和交流,对公司的工作一定会产生负面影响。所以说,一个公司的开诚布公对企业内部的交流和沟通是非常重要的。

人与人之间需要真诚的交流与沟通,只有每个人把想法都表达出来并互相讨论、互相探讨,才能达到最好的效果。作为组织的一员,必须学会真诚地与同事沟通。如果做不到这点,每个人都有自己的想法而彼此不说,甚至是钩心斗角,这样不仅会使组织的各个项目得不到好的开展,甚至会因为彼此争斗而使公司的利益受到损失,个人也会因为不真诚的交流而引起矛盾,影响工作效率,进而影响一个组织的工作水平和整体效益。

一个不说真话的人,是不能与人沟通交流的,即使一时获得某种效果,但最终还是要付出代价。与人说话,一定要"言为心声",不要口是心非。在人际交往中,说真话是赢得人心、获得成功的有力保证。

四、求同存异，化解争议

成语"求同存异"中的"求"是寻求的意思，"存"是保存、保留的意思。该成语的意思是寻求共同之处、保留不同意见，讲的是不因小分歧而影响大方向的一致。有时"求同存异"也说成"求大同，存小异"。现在将"求同存异"理解为"寻求共同之处，保存有差别的地方"，不再强调大同小异。同时，"求同存异"是一种学习和思维方法。在平常的沟通协调中，灵活应用这一方法，保留不同的看法和观念，也能取得很好的效果。

说话一定要看清对方的用意。在社会交往中，我们在回避自己不愿作答的问题时，可巧妙地加以拒绝。最好的方法就是运用反守为攻这一战略技巧，即在回答问题之前，针对问题的难度先行发问，把压力转移到提问者本人身上，变被动为主动。我们要学会用巧妙的话语来表达异议。

在沟通协调过程中，如果对方提出明显不合理的要求，一定要明确表达自己的态度，不做无原则的退让；在事情紧急，不容许拖延的情况下，要果断解决，不可拖泥带水、犹豫不决；当解决的问题难度比较大、需要一方做出一定程度的让步和妥协时，需要求同存异，进行适当灵活的变通。

当今社会，大到国家外交、商界谈判，小到人际交往，懂得运用语言表达的技巧，提高自己的思辨力，将会在交际中左右逢源。不管是哪种沟通方式，我们都要力求表达清楚完整，要明确中心思想、思维严谨、措辞恰当，在知识和经验上有差异时，要根据实际情况融会贯通、灵活应用，使接收者能够充分理解、易于接受。

后记

沟通协调是公职人员能力建设的一个重要方面。良好的沟通协调，一方面，有利于组织中不同部门之间、不同人员之间相互了解、达成共识，从而通过相互配合与协作来实现组织的有序运转，高效完成组织目标；另一方面，有利于不同组织之间进行协作，加强管理合力。希望本书的出版，让读者能够正确认识沟通协调能力的重要性及其基本内涵，掌握沟通协调的基本方法和技巧，提升工作中的沟通协调能力。

由于笔者能力不及，编写时间有限，书中难免存在疏漏之处，请各位读者和专家批评指正。